DEL SILENCIO Y OTROS CORDEROS

CLAUDIO LAHABA

Corrección y revisión: Verónica Roldán, Eugenio Polisky, Ruth Ana López Calderón
Prólogo: Eduardo Vladimir Fernández Fernández

BLACK DIAMOND EDITIONS

Sobre la presente edición:
Del Silencio y otros Corderos, 2016.
Derechos reservados © Claudio Lahaba, 2016.
Código de Registro: 1302224641939

© *ISBN-13: 978-0692611821*
© *ISBN-10: 0692611827*

Prohibida la copia, reproducción, modificación, distribución u otro uso no autorizado de este libro, incluyendo una parte o versión del mismo.
El contenido aquí expuesto está sujeto a los derechos de propiedad intelectual, y no implica o confiere los derechos de la transmisión, total ni parcial de los mismos, ni confiere ningún derecho de utilización, alteración, explotación, reproducción, sobre dichos contenidos sin la previa y expresa autorización del autor.

A mi tía Maruja, en memoria

"Porque sólo en callado es posible escuchar. Una calma así nos hace escuchar todo lo que no es absolutamente silencioso dentro del silencio, todo aquello con que habla el silencio en el sueño; y también nosotros lo oímos como en sueños".

*Thomas Mann.
(Las Cabezas Trocadas)*

"La palabra no es palabra dentro de la boca del que la pronuncia, sino en el oído del que la escucha..."

Ortega y Gasset

PRÓLOGO

Pero han clavado en los ojos las puertas
que conducen al sueño como nuevo advenimiento
han dicho a esta hora
cuánto durará el juicio final
la manada volando despaciosa
contra el acierto y otro cielo susurrado
si caer hasta posar el oficio
no está espera sino un silbido que prolongue
los ecos congelados de las trampas.

(Del poema NOTICIAS DE LA ATLÁNTIDA, fragmento)

La poesía se mueve en el sincrético límite de la racionalidad y la sensibilidad, del contexto, el mundo subjetual (o subjetivo) del autor, su época y de las referencias intertextuales, los modus retóricos y un cierto espectro de convenciones literarias que le dan sentido al texto y que lo hacen multiconnotativo para el lector contemporáneo y ulterior.

Ningún texto poético se libra de esos hilos invisibles entre la realidad extra-artística que lo impregna (política, social, epocal, etc.), la historia referencial del género y sus figuras retóricas, como del riquísimo mundo interno psicológico del autor.

Siendo construido desde el hablante en primera persona, éste se proyecta como un vocero especial de su época y su mundividencia (su sensibilidad) y las múltiples hebras que lo unen a su entorno se tornan más o menos invisibles.

Quizás un enfoque menos libre se da en otros géneros (como el narrativo, el ensayo y en menor medida el dramático), donde la referencia inmediata a las ideas, sentidos ficcionados o racionalizados, imaginales o ancilares del presente o el pasado, incluso del futuro fabulado, es más obvia y la variedad de la "realisticidad" (cf.: criterios de M. Bajtín y el Formalismo Ruso, "realistichnost"), aunque inmensa es casi obligada, presente, con independencia a que se mitologice o no el contenido.

El lenguaje poético, por su carácter menos conceptual y más metafórico, es una forma multisemántica demandante, potencial y vasta de la significación del signo verbal, trascendiendo la rigidez desnuda y "abstracta" del concepto y ampliando su espectro a la riqueza de la "metáfora", en todas sus variaciones posibles, probables, experimentadas y por experimentar.

¿Por qué esta aparentemente cruda introducción teórico-estética, que pocos lectores esperan en un prólogo a un conjunto de textos poéticos?

Hay dos razones básicas:

1º. Este libro, que en sí resume dos cuadernos en unidad: Palabras del silencio y Evaporaciones múltiples, que recibiera el Premio del Concurso Nacional *Manuel Navarro Luna 2000* (Manzanillo, Cuba) y que por razones extraliterarias ha quedado inédito hasta nuestros días, en su momento representó un hito cultural silenciado en la Cultura Nacional Cubana, de un autor joven, que entraba en franca madurez y que utilizó libremente la imagen poética para extrapolar su mundo interno y no estaba ajeno a un período muy crítico, cuyos ecos aún resuenan, en la realidad compleja de la Isla.

2º. Se trata de un libro con una riqueza estilística y un lenguaje propios que colocan al autor como un renovador en la poesía cubana y latinoamericana de fines del siglo XX y cuya apropiación, en tanto "alta poesía", requiere una presentación con mucha parsimonia, con la distancia que nos dan casi tres lustros transcurridos.

Partiendo de estas premisas se hace imprescindible, a partir de la responsabilidad que se nos otorga y agradecemos, una aproximación, lo más ética y objetiva posible en torno al texto, su contextualidad y valores implícitos.

Algunas ideas en torno al contexto:

Claudio Lahaba (Manzanillo, CUBA, 1970), es un creador poético de un talento nato, en cierta medida un poeta que roza la genialidad sin haber recibido formación especializada como otros de su generación y que no puede ser soslayado, partiendo de ningún discurso sobre-ideologizante y extraliterario, de la larga memoria histórica de la creación poética cubana, una de las más ricas en todo el contexto iberoamericano, aún siglos antes de la independencia del país del imperio colonial español.

Interesante, si se revisa desinteresadamente (sin rémoras, ni sesgos) ese devenir. Observar cómo el proceso de la creación poética cubana nunca ha estado ajeno a la laberíntica historia de un país, y la riqueza del pensamiento poético cubano, heredero del tronco poético español (cfr. "Lo cubano en la poesía", Cintio Vitier y también "Ese sol del mundo moral") ha sido una larga búsqueda de las especificidades dentro de la tradición occidental, universal, latinoamericana e hispánica. En buena medida toda la creación literaria isleña, en general y la lírica, en particular, gira en torno a un vórtice de sensibilidad propia, donde la búsqueda de lo raigal no excluye el lado universal de un mundo que entra en el hemisferio occidental a través de la llamada "llave del Golfo", pero que en todo momento sienta lo propio, cierto mestizaje sin poses de cinco siglos de historia moderna.

Ya desde inicios del siglo XIX, la cultura peninsular estuvo muy atada al proceso del pensamiento literario cubano y no sólo sería Barcelona en la península, sino la lejana Habana una de las puertas recurrentes y contestatarias de la Modernidad temprana española. Ese mismo papel, por razones geográficas, amén países de notable hegemonía en Nuestra América (México, Venezuela, Colombia, Argentina, entre otros) lo jugaría el mundo cultural cubano, aun siendo la Isla posesión española en el siglo XIX y estando mediatizada su república en el XX por intereses hegemónicos de los EE.UU. Empero, la fuerza del proceso literario nacional mantuvo siempre en vilo la autenticidad de sus letras.

Es por ello que la Poesía Cubana (desde José María Heredia hasta el "Grupo Orígenes", desde Gertrudis Gómez de Avellaneda hasta José Martí, (por citar polos al azar) fue una poesía de una fuerte universalidad, pero de una sólida cubanía dentro del abanico democrático de los estilos y plataformas ideológicas de sus autores, ínsitamente comprometida, con independencia de clase, raza o grupo social con un entorno compartido, defendido, testimoniado desde el dolor o la algazara, reconocido bajo el manto abierto de la cubanía o en un sentido más moderno y académico de "la cubanidad".

El proceso cultural cubano posrevolucionario (en nuestra humilde opinión) se marca por tres períodos, que coinciden, el primero, con la década inicial de los 60-70, donde -por múltiples causas internas y externas, que no es momento para explicar- el mundo cultural (dentro de la sociedad civil) se polariza: "con la Revolución, todo; contra la Revolución, nada" (Fidel Castro, "Palabras a los intelectuales", 1960) y se estatuye ya desde 1975 oficialmente el sistema de control burocrático soviético sobre todas las organizaciones culturales.

Un segundo período más contestatario y liberal, enarbolado por las nuevas generaciones precisamente formadas en el proceso cultural de la Revolución, que se inicia en lo artístico en los años 80 y donde, primero la plástica, el cine y en menor medida, la literatura jugarán el rol del "abogado del Diablo". (Es en este período cuando se produce una renovación poética y se van dejando los moldes consignistas y del nunca establecido "Realismo Socialista", hasta los cánones aparentemente liberales, muy lábiles y abiertos de la Posmodernidad. Quizás su figura más emblemática en el arte del verso lo sería Raúl Hernández Novás, de trágica desaparición física).

En este período cabría ubicar el inicio de Claudio Lahaba como autor, sin olvidar que, en las dos décadas anteriores las formas críticas y contestarias de la cultura literaria no habían sido totalmente silenciadas en ningún género (baste mencionar a Fayad Jamís, José Lezama Lima, Reynaldo Arenas, Humberto Cabrera Infante, Gastón Barquero, Virgilio Piñera, entre otros).

Este período que fue tomado por asalto con la debacle del socialismo real en Europa Oriental y la extinta Unión Soviética, se caracterizará por una aguda lucha de ideas, postulados estéticos, etc., particularmente más virulento en el Occidente del país, donde las altas burocracias culturales, de alguna forma u otra fueron cediendo ante una real amenaza de los hijos de Cronos.

No pasaría así en las provincias más alejadas de la capital, donde la represión al creador sería mucho más fuerte y se identificaría erróneamente descontento estético con descontento civil y político, aunque indudablemente tajante línea de separación no se pueda establecer jamás.

Cuando las aguas comienzan a retornar de nuevo a su cauce, empieza a observarse un cambio en el mundo cultural cubano, que aunque para unos tibios y para otros hipócrita (no coincido con estas dos apreciaciones polares) marcarán un cierto esfuerzo por integrar una cultura nacional que hoy vive en la Isla y en la orillas del exilio, principalmente en el sur de la Florida. Es la época de mediados de la primera década del actual siglo hasta nuestros días y coincide, al menos con cierta laxitud de las medidas draconianas del llamado "período especial en tiempos de paz".

A este último lapso que he observado desde la barrera y Claudio, de alguna forma también, intentaría denominarlo como período del posible reencuentro nacional, que está marcado por un carácter abiertamente complejo, contestatario, pero con un encuentro de posiciones más tipo abanico y democrático, sin que la pauta, como rémora, en ambos lado del estrecho de la Florida, la dejen de marcar aún elementos ultra conservadores desde la izquierda y la derecha políticas.

La contextualidad de este libro que queremos prologar con detalle se da en el difuso y contradictorio borde de estos dos últimos períodos, cuando el texto gana un premio nacional *Manuel Navarro Luna*, patrocinado por el Ministerio de Cultura de la ciudad de Manzanillo, provincia de Bayamo, donde Claudio había fundado el Taller y Grupo Literario "Da Capo" y aún con ese "pedigree", recibe una virulenta reacción de la burocracia local y nacional y queda inédito, para los seguidores del proceso poético cubano, tanto en la Isla como fuera de sus marítimas fronteras.

Hoy sale a la luz, gracias al esfuerzo personal de su autor, a quien agradecemos no excluirnos de introducir por vez primera esta interesante propuesta, cuyos elementos de contenido y forma, sólo a modo de motivación, trataré de entreverar en lo que sigue.

Criterios en torno a las aristas de subtexto e intertexto de la obra:

Vayamos por parte.

Del Silencio y otros Corderos, cuyo sugerente título y ambos cuadernos integrados nos meten de hecho en el tema de la sacrificialidad, siguiendo la mitología judeocristiana y con marcado énfasis "apocalíptico", del fin o la finalidad de los tiempos, es una obra de ALTA POESÍA.

No la creo potable para todo autor. Es una obra que insinúa más de lo que dice y que lo que dice abre amplio abanico subtextual, connotativo, rico en matices y de posibles y cada vez más sutiles relecturas artísticas. Con ello quiero darle a entender al lector que es una obra poética elaborada, madura, no hecha para el fugaz entretenimiento y que de la mano del verso que fluye como cataratas de orador, el intelecto debe esforzarse para ampliar sus lontananzas.

Siendo en aquel momento un autor joven, se puede decir que marcará su madurez y probablemente su sello, su toque en lacra estilística y que lo meterá de lleno en la universalidad, sin dejar de ser creación de un autor de una sociedad hierática y de soliloquios (que por múltiples causas, censuras y AUTOCENSURAS) adaptará el modelo (creo que un poco por circunstancias geopolíticas y a regañadientes) del llamado socialismo "real", burocrático y de sesgos estalinianos que, se incorporó en la Revolución Cubana y que colisionaría contra las tradiciones e ideales libertarios de la nación.

En el libro hay una atmósfera de tensionalidad, aparentemente no contextual, de surrealidad en el método y de posmodernidad en el espíritu epocal, atmósfera psicológica de dolor, de estoicismo y una especie de grito callado del hablante que se desdobla constantemente en elementos crípticos, oníricos, en símbolos de mundo cerrado y pútrido que está a la orden de la anunciación de un cambio de espíritu, de un cambio de aires, de un salto hacia la oxigenación.

No es casual que ese espíritu de "escatología" (o fin de los tiempos) coincida con una de las épocas más absurdas, duras y sin sentidos de la historia de la Isla, cuando demonios internos -y también "externos"- se arremolinaron dantescamente para ahogar a un pueblo como rehén de la llamada "Guerra Fría" que moría. Sólo quien haya vivido el fenómeno del brutal deterioro y la involución que significó para los cubanos el llamado "período especial" puede sentir ese estado de brutal surrealismo, que desbarajusta toda la imagen de identidad del sujeto, de la familia, de un colectivo de tradiciones y donde el tiempo se quiebra y se detiene como en un cuadro de Dalí.

Subtextualmente emerge un espíritu sin salida que rebasa los límites del hablante lírico y roza la "epicidad poética", con una fuerza que nos retrotrae a los evangelios, a las revelaciones apocalípticas, a La Comedia Divina de Dante, al cine de Buñuel, al Existencialismo de Camus, a los mitos griegos más brutales, con una capacidad de síntesis que debió nacer no sólo conscientemente, sino de la fuerza del genio que se expresa. En términos categoriales estéticos es un texto que rebasa el límite de "lo bello" y se codea con "lo sublime", "el horror", "lo inconmensurable dinámicamente", donde lo dionisíaco predomina sobre lo apolíneo.

Lo interesante es, que salvo en uno u otro texto, no más, no existe una referencia directa al contexto, pues es una obra cuya materia está en el mundo de la subjetividad del sufrimiento, de la memoria, del paraíso nunca adquirido y de cierta esperanza difusa en transgredir los límites de la existencia física. Por ello, aunque es testimonio de un duro momento, no es un texto ni político, ni panfletario, sino interrogativo y de profundo asombro ante realidades que se van de las manos y que muchos en el tiovivo de la cotidianidad ultra-repetitiva, no son capaces de avizorar.

Por ello cuesta entender la represión y el amordazamiento sufridos por la obra, en su silencio editorial interno y el autor que terminaría reprimido saliendo del país…

La intertextualidad queda mezclada en parte del discurso previo, pero se hacer explícita en variadas ocasiones: bien como cita textual, bien como dedicatoria o referencia implícita. Fayad Jamís, Raúl Hernández Novás, José María Rilke, F. Nietzsche, E. A. Poe, Dante Alighieri, Las Sagradas Escrituras (en particular los libros sapienciales del Antiguo Testamento, los Evangelios y el Apocalipsis de San Juan), entre otras fuentes que enriquecen.

Se compone, como ya dijéramos de dos "cuadernos": PALABRAS DEL SILENCIO y EVAPORACIONES MÚLTIPLES, que en su conjunto siguen la trayectoria de un sujeto personal (el hablante, el autor), cuya identidad se hace laberíntica, como actor testimoniante, cadáver viviente y se va desvaneciendo en una realidad cada vez más absurda y dolorosa, como una terrible pesadilla recurrente, como una especie de penetración en los siete círculos del infierno dantesco.

Desde el punto de vista retórico predomina una prosa poética monumental "epicista", de estilo oratorio e interpelante, que fluye como una catarata de impresiones y admoniciones sumamente complejas y sintácticamente muy bien elaboradas. Estos textos ameritan tranquilidad en su lectura, cuando se le toma su ritmo discursivo se disfrutan como una obra musical clásica, poco a poco el oído se adapta a las convenciones y se siente uno dentro de un oratorio al estilo del gran operista alemán Wagner. Ciertamente apasionante y de marcado sesgo intelectual. No obstante, un lector o escucha promedio puede percibir en el ritmo, la cadencia, la belleza, los altibajos de la oración que a veces narra, otras gime, otras emplea el atinado efecto del extrañamiento.

Otras composiciones son de prosa poética corta, más personalista, en especial cuando se toma la memoria afectiva y familiar como material.

Excelente el empleo del soneto en su homenaje al poeta Raúl Hernández Novás, quien trabajara esta forma del epigrama en su libro *Sonetos para Gelsomina*.

Hay dos trabajos de tipo cercano al espíritu de Dante: DIÁLOGO FRENTE AL ESPEJO A ESPALDAS DE LA PRIMERA MENTIRA QUE NADIE DIJO, Y CERBERO, MINOS Y CARONTE, CONVERSAN CON ERICTO, elaborados en prosa poética con versos más tradicionales intercalados y dentro de las convenciones del drama, con tono sarcástico en sus parlamentos y acotaciones. Estos textos son de fuerte regodeo filosófico y pueden tener una lectura muy connotativa, digamos, no sólo aplicadas al contexto local cubano, sino al universal. En ellos lo posmoderno es predominante.

La simbología es rica casi en un sentido inverso: la ciudad, su plaza de sacrificios, los altos muros, muchas veces palaciegos y clausurados, las trompetas que anuncian su derrumbe, el círculo de fuego, la Bestia, el cadáver que se pudre desde el nacimiento, las estatuas mutiladas, la sangre, las aguas encharcadas en Miasmas rojas, el papel de los medios que distorsionan al poeta, la traición u obligación a la traición del amigo-apóstol (a lo Judas), el pájaro encerrado, los muros líquidos de una realidad sin salida, el espejo distorsionante y distorsionador, la ausencia de paradigmas, etc...

En fin, estimado lector, Del Silencio y otros Corderos de Claudio Lahaba, es un texto totalmente imprescindible dentro de la cultura poética cubana, latinoamericana y en lengua castellana... Os invito a la aventura intelectual de su lectura y disfrute. Así conoceréis una de las voces líricas más significativas de toda Hispanoamérica.

Lic. Eduardo Vladímir Fernández Fernández, (Camagüey, CUBA, 1962)
Master of Arts en Filosofía (énfasis en Estética,
Teología y Axiología)
Moscow State University, 1986
San José de Costa Rica, Centroamérica
Derechos Reservados © Eduardo Vladímir Fernández Fernández, 2013

PALABRAS DEL SILENCIO

ELOGIOS CONTRA MÍ

El 25 de mayo de 1970 mi madre
    sobre una lápida fría semejante a una mesa de
    parto abrió con dolor las piernas y el parto fue
    un bello difunto.
Esta es una historia aterradora pero
    cierta, yo nada sé, nada he sabido,
    sólo contemplo como nace la luna por los ojos,
    porque estoy convencido que en mis grandes y
    dementes ojos la luna nace.
Ahora, en el mismo instante mientras
    todos piensan que soy un muerto y esperan la
    pudrición, debo recordar que
    no temo.
No, a nada que sea ajeno temeré, de nada
    que por dentro se descomponga seré dueño. Es
    acaso que por esto no me quejo
    y sigo tendido como un hermoso muerto
    con la lengua llena de pájaros
    devorando mi nombre degollado.
Todos me creen, terriblemente muerto,
    han visto mi cuerpo podrir
    sin una respuesta que apuntale los huesos, han
    percibido como se fermentan los órganos y la
    sangre.

Todos, incluso aquellos a quienes no conozco
    comentan y hablan de mi muerte
    bajo la densa luna que nace.
Es que soy un hermoso muerto que comienza
    a comprender su nacimiento
    y no sabe qué hacer con tanto odio molido
    cortando en listas la garganta,
    si no contempla cómo hinchado crezco.
    La muerte es lo único verdadero que
    poseo, en su engendro, el cuerpo desollado
    brindo.
Pero no temo, a nada he temido y es por
    pudor que desde el fondo del alma maloliente
    susurrando exclamo:
    ¡Mi pudrición también os pertenece.
    Es vuestra!
Si no contempla cómo la luna desciende igual por
    tus ojos.

INDICACIONES NECESARIAS PARA EL PRÓXIMO VIAJERO

I

Mira si es que puedes al oscuro bodegón
       sé espejo si no amanece y limpia la
       punta de tu lengua, o lame mejor el
       agrio esplendor de cualquier presencia, ama a la
       bestia, cuídala cuando afuera hayan pintado las
       paredes.
Mira al fondo del pecho a la vieja cruz
       desde tu abstraccionismo los moldes
       las cicatrices mortales del nuevo asesino que
       pregunta también por si no lo sabes, porque
       nunca comprendes, ¡oh!, apiadado, estos
       maderos derretidos aquellas puertas carnales
       donde la punción al sueño ha sido.
Y es tan sencillo ir en ristre a sabiendas
       cómo casa perro y ciudad se nos parecen.
       Y es tan triste mirar al bodegón
       si aún no ha amanecido en los espejos.

Estas palabras son para olvidar
no dicen nada. Estas palabras no
son la vida... fueron para decir
no dijeron.

A.R.T *(Todas las Jaurías del Rey)*

II

Tu lamento ha de ser como advertencia en
      medio de la noche y no hallarás respuesta,
      las palabras inventadas jamás serán oídas
      viajero con rumbo incomprendido
      sediento de preguntas por aquella noche
      atribulada entre fantasmas.
Toma del sueño lo inapresable: Para el
      cadáver de tu memoria no habrá regreso, cuando
      cada intento sea esperar que nadie escuche
      gritando contra tu propio pulmón nauseabundo.
Lejos colocaste al que fuiste, la ciudad
      recordada es el caos para quien vuelve a mirar
      los charcos cualquier sombra y contemplar
      absorto esa quimera.
Todo viajero es testigo de su ausencia:
      Los que se precipitan al fondo de la muerte sin
      saberlo estarán afortunadamente vivos.
Los que escriben sobre el muro conocen

que toda palabra de olvido podrá tenerse escrita.
Miéntele al espejo la soledad edificada y acepta
de la luz tan sólo su mentira.

*"Qué lugar es este, qué región, qué
parte del mundo".*

Séneca.

III

Que toda luz sea negada y el intento hacia
      esa misma oscuridad
      sea la sombra del próximo que venga.
Pájaros y estatuas de la luz, dad al viajero
      un sitio justo, escoged como único testigo el
      templo donde fuimos convidados
      a mostrarle al monstruo la pasión
      de no ser culpables y temer
      no más escurrir entre una danza el advenimiento
      por si preguntan
      qué bella muerte se convierte ajena
      qué espasmo otorga otra sombra
      a las palabras del que sigue.
Que toda luz esté olvidada.
En esa doble intención no habrá testigos.

MANHATTAN. DICIEMBRE DE 1980

Mark Chapman todavía está el viejo
    Megáfono girando lentamente en mis ojos
    entre el humo y la sangre que llega desde el
    fondo, mientras comienzo a imaginar en la
    habitación donde he viajado con otro rumbo al
    vacío.
Tú sabías que los enormes relojes
    darían en la noche mitad de su hora,
    sobre las campanas de la iglesia,
    en rascacielos y edificio de Dakota,
    donde la muerte comenzó a traficar
    el olor y humedad de la sangre.
Allá en el chalet, aún se oye un grito
    desgarrar una ventana hacia el oscuro argavieso,
    alrededor de un cuerpo que yace.
Estoy saliendo a la ciudad mientras
    los empresarios limpian sus manos
    con anuncios de prensa y grasa de un Roll's
    Roice, con la grasa que tu puta se unta de
    madrugada desde el ruido de otro revólver hasta
    una próxima cita con el asesino.
Recuerdo estar sentado a tu lado
    una noche antes tomándome tu whisky

cerca de la bailarina de aceite que chupó tu
cuello y vertió todo su ácido en tu garganta, y yo
en el rincón más solitario
bebiéndome los ojos al leer en voz alta
la portada del disco que sigue girando
aunque el homicida muestre su mano
transparente y desde el proscenio, el estúpido
escupa la nariz del payaso
ahora borracho y desnudo.
A esa hora la ciudad es una mujer que sale
    a humedecer el cuerpo, a fornicar su hambre, la
    del suicida que lleva también
    manos transparentes para no ver su soledad.
Todavía no has aprendido:
"Imagine all the people living life in peace."
Tú sabías del humo y la sangre de
    instrucciones a fanáticos
    que llevan pelo largo para huir de sí.
Mark Chapman: De esa forma cualquiera
    se persigue con una cabeza distinta en otro traje
    y un ojo vomitado en los bolsillos.
Todas las muchachas de Liverpool
    caminan desnudas sobre una música extraña,
    como si en realidad estuvieran transparentes,
    pero estarán despiertas si sueñan que no
    duermen un sueño ajeno.
Yo dejé de tomar tu whisky oyendo por radio

la noticia, vi a tus putas llorar, golpear, la puerta
decirle no a los clientes de barro
que pudren sus huesos en la punta de otros
labios.
Vi llorar al payaso quitarse la nariz y tu saliva
lavar su pellejo de papel y tinta de papel de
muerte.
Aún los más extraños no se han ido
tienen mucho que ofrecer a la soledad
humana, a los que un día pensaron de nuevo oír
su música ahora rodando por este viejo
megáfono que lentamente gira en mis ojos
aunque no logres entender, nunca podrás, que
las paredes pueden estar sostenidas por la
levedad de un diálogo, si regresamos demasiado
cansados del sueño sin otro rostro que el de
muerte a mostrar el verdadero dorso de la
sangre.
Mark Davis Chapman: En esta habitación no
se conoce el valor de la luz:
"Imagine all the people living for today."
No se tiene quizás la certeza si este disco
que gira en música será perpetuado desde el
camino angosto, recuerda, que atraviesan
siempre aún sobre la pólvora los mortales.

*IF YOU DO NOT COME TOO CLOSE**

Si no te acercas demasiado escucharás
        al amanecer la música del cielo en tu cabeza los
        astros girando por entre el tendón que sujeta la
        noche.
Y si te acercas, sí, puedes oír la flauta
        del espasmo la cicuta, el agrio olor de la orina
        efervescente y las paredes lactar su corrosión
        sobre tu pecho.
Es que a veces sacamos mal la cuenta
        y le pedimos al carnicero una lista interminable
        donde se resuman las víctimas del alba pues
        cuando amanezca
        habrán clavado otra cruz en la distancia
        y esperar resultará muy caro:
Si no te acercas, si no lo haces
        pero este tiempo impar, difuso
        lleva tu propio nombre ante el diluvio y la
        expansión de una nueva madriguera.

*T.S.Eliot (East Coker)

ÚLTIMA ALUCINACIÓN DE JOHNNY CARTER

"Tu problema es la bestia que has descubierto."
        Kenneth Patchen.

A Julio Cortázar

En el club 33 han clavado una enorme tarja
        para que los invitados conozcan el anuncio de la
        noche donde oiremos la música demoniaca que
        Johnny Carter ofrecerá.
Los ojos del músico verán alucinados
        la modelo más bella desnudarse
        lanzar, con risa frenética sus prendas íntimas a
        quienes palidecen justo cuando la mirada del
        monje esté fija como una señal, como ilusión del
        fantasma que comienza a transformarse y ya no
        habrá regreso ni podremos publicar nuestros
        nombres, en los diarios parisinos del siguiente
        día donde aparecerán los asesinos más ilustres.
Esta será una noche estupenda para
        ser reconocidos por los muertos

>que ríen en las mesas del fondo
>y dan saludo augural a los miembros de la
>orquesta, que si difuntos no fuesen
>¿quién oiría esta sonata cuando nadie
>anuncia su llegada?

Pero hoy todo es distinto, los amantes se
>besan bajo la oscuridad de las lámparas
>sabiendo, que lo hacen por última vez
>porque harán el amor despacio sin importarles
>un nuevo día, donde también podrán cambiar de
>pareja incluso tener si realmente piensan un
>parto después de cada muerte.

Entonces escucharás muy lejos otra señal
>mientras los que te aborrecieron cantan a coro:
>Aplaudan al músico su rostro enfermizo la piel
>de mimbre podrido sus manos temblorosas y
>huesudas,
>hagan inmenso coro junto al pobre diablo
>que esta noche tenga fortuna y pueda entonar un
>extenso discurso frente a la bestia que lo
>distingue.

Aplaudan señores a este condenado hombre
>de todas las épocas, apuesten sobre el gran
>casino su locura o inicien solemne voto de
>silencio donde posaremos al
>amanecer ante fotógrafos y viejas prostitutas que
>al menos hoy vomitarán la sangre.

Jazz para la gran velada, velada de conocer

que todo es fácil que aquí es posible apostar el lado oscuro escondiendo los mejores perfumes hasta gritar:
Escúpanle el rostro después de
amarle escúpanle...y Johnny siente que la tarja del club ha sido clavada en su pecho que el agua del Sena correrá por la sangre hasta emborracharlo.
Qué triste noche música Jazz locura
al fango todos por Dios una vuelta en círculos detrás de la orquesta cantemos:
Sgt. Pepper and Johnny in the sky with diamonds
cantemos todos ya llega el invitado sin rostro con mirada fija y nauseabunda viene mostrando el laberinto de las voces y nadie habrá muerto en su lengua. Ya se oye su música escuchadla
Es el primer anuncio de la noche.

VARIACIÓN EN TORNO A LA ÚLTIMA CENA

*"Nadie ha oído la primera palabra.
Nadie oirá la última."*

Octavio Paz.

A partir de este instante todo puede
    suceder sobre estas sombras
    cuando ruede mi cabeza hasta
    unas manos reversas.
A partir de esta hora los que siempre
    vinieron, con el rostro transparente estarán muy
    solos, habitando un cuervo que se ha ofrecido,
    pero no intentarán
    ir a la fiesta pues no se sabrá el color del rostro
    que habita una caja hermética.
A partir de esta noche todo puede ocurrir:
    Un traje de ermitaño, un lobo sobre tu diente,
    más los que nunca estuvieron
    ahora esperan que sirvan la cena muy próxima a
    la mesa donde han puesto frutas exquisitas para
    despertar.
Más no intentes volar sobre una ventana
    sobre un tren estrechísimo que atraviesa una
    cascada antigua

      no le digas adiós al muerto
      que en medio de una orquesta imita tu flauta.
Todos los invitados comenzarán a reír
      y cruzarán desnudos la tarima del fondo sin
      llegar a ella porque está muy cerca
      para poder tocarla.
Esta no será la última cena y la
      serpiente seguirá estática dentro de la copa pero
      deja de enseñarle un paisaje de agua oscura si no
      desea despertar y todavía sigue húmeda.
La serpiente no es más que el terror
      del que intenta atravesar paredes estrechas, la
      obsesión del que juega a alfil
      caballo sobre un puente desde un ajedrez
      a alfil peón ¿por qué cortejas una dama ajena a
      espaldas de un Rey que construyó tu laberinto?
A partir de esta larga mesa Jonás no
      podrá asumir una posición difícil
      ni será aplaudido dentro de un templo:
      La enorme ruleta se detendrá
      los que dijeron salir del sótano jamás podrán
      salir, dar cualquier número a los invitados que
      nunca han apostado el hambre en la misma mesa
      pues no tendrán su flauta hecha con trozos de
      voz.
Sobre esta enorme silla el juglar cantará en
      un solo pie si verdaderamente lo escuchan

y después de oírlo no lo dejan con los brazos
tendidos. Cantará una y otra vez
levantará la voz si todos los que no han
venido a su fiesta creen oírlo en ese instante
¿pero cómo sabrá que lo escuchan si él tampoco
lo sabe ni ha venido?
Esta es mi casa, aquel que cruza ante
mí con el mismo rostro que llevo no es mi
espejo aquí se puede suponer
que nadie arrancará un árbol a la vieja fruta, aquí
llegan todos a comer
y sobran amaneceres en el desván
donde se guardan los sueños de los que
aparentemente han venido a escuchar el adagio
del violinista.
El cuervo volará sobre un péndulo muy
frágil aunque no halle puertas por donde
atravesar (pobre animal ha confundido su
espejo).
A partir de estos brocales un pozo infinito
para guardar la lanza en los ojos del desconocido
que mira desde un borde y puede resbalar y caer
pero es peligroso
sacar en la cena un ave del pecho.
Estos son los alimentos
aquel es el invitado que dice
haber dormido siempre y hoy se levanta

más no intentes encender la lámpara de la cena cuando todos los que cruzaron la tarima del fondo no estén reunidos
El juglar y el cuervo te pueden confundir.

EL PESEBRE

(Casa de las alucinaciones)

Nadie viene al pesebre mientras afuera
      se desconoce la rama de barro en
      mis ojos.
Nadie contiene el bregar cuando divido en
      dos el fuego y me baño con espinas la frente.
Afuera se derrumba la casa de humo
      el minotauro de madera se cubre el rostro con un
      río antes que las manos vidriosas
      expriman furiosas el árbol.
Nadie conoce ni sabe del sínodo
      aunque sea bestia hirviente
      escupiendo lagartos al pecho.
El pesebre es mi habitación de incertidumbre
      allí está el insomnio, los libros más viejos
      fantasmas y gritos mi voz un cuerpo.
El bregar es el oficio de pacientes gladiadores
      que evaporan la memoria
      llenan la frente de una tierra cara.
Mi cuerpo es a veces un palafrén
      que come de la hierba y los espejos pintados.
Nadie lleva un rostro debajo del brazo
      después de un dios para un mar de

      vinagre porque los pájaros pesan demasiado
      cuando están compuestos de papel extraño si
      han viajado con otro
      peinado en el plumaje.
Nadie golpea la puerta con flores de olores raros
      pues la habitación es transparente
      y caben todas las palomas que los ojos respiran.
Pero en el pesebre el cielo es oscuro
      aunque el sol caiga de rodillas tocándome las
      manos la mañana no está de moda en la memoria
      y los trenes de polvo más enormes pasan desde
      tus ojos por mis piernas.
Escuchen, oigan el grito del ahorcado
      que cambiará su muerte por la mía
      y colocó en los ojos dos monedas.
Oigan el grito del silencio
      sobre la música de pronto en mis oídos.
Nadie sabe del elegido el que gobierna un
      castillo invisible y lleva al crepúsculo los bolsillos
      repletos de una tierra también cara.
De fuego construí la casa y el paisaje
      de fuego es el agua que me cubre
      de fuego es el pasto de cristal
      que comerán los espejos si jamás amanece
      en esta habitación de sombras donde espero por
      mí mismo.
En el pesebre los sueños son ajenos
      los que llegan se ponen otro traje

      para entrar definitivamente al salón de los
      ahorcados y tomarlos de la mano hasta que
      bailen la muerte.
A veces el mejunje es la noche
      donde me siento también un ahorcado
      y salgo a golpear su cuerpo con el fango de
      la luz y los temidos.
Diciendo basta se inicia la fiesta
      cuando el caballo entra al vaso y de un sorbo lo
      bebo y de un sorbo me bebo a mí mismo.
Esta es la tripulación de los mutantes
      de los morbosos y profetas del entierro.
Esta es la casa construida con humo
      la habitación hecha también de humo
      donde duermen los sonámbulos
      que llevan un puente en la cabeza
      terrible puente para la incertidumbre
      pues todos pastan encima de los espejos
      que alucinados simulan ser campanas.
¡Es el elegido el elegido!
      pastando entre la punta de los frisos
      y diamantes de zarpa sobre el vidrio.
Es el centro del foso el péndulo y la cueva
      son los fantasmas son ellos.
El cielo convertido en hierba
      tejerá un animal pintado al paisaje
      bajo la llanura de termas y dogales.
      Las ventanas en el sitio más húmedo

      abrirán sus puertas dentro de la carne
      hasta que ruido y noche sean luz.
Pastando para la punta de los frisos
      nadie elevará las voces al aro de penumbra nadie
      verterá una gota de fuego
      al rincón ennegrecido de mi puerta.
El bregar que esperas es ahora un río a mitad
      de la espalda, a mitad de una compuerta
      donde se guardan sótanos para extrañas cabezas.
Nadie vendrá, nadie al paisaje de piel antigua
      para una ropa antigua con rostro nuevo.
Los extraños no vendrán, no.
      La puerta del pesebre seguirá siendo
      una llave de humo
      otra figura.

OTRA VERSIÓN DE LA CIUDAD

*A Ramón Cabrera,
esta versión de la ciudad.*

I
Sepultado ya mi cuerpo he preferido levantar
    mi voz para cantar y celebrarme.
En mi dolor un pájaro muerto no siente
    ni recuerda sus heridas.
Me levanto en nombre de todos sobre los
    muros del silencio.
Hoy, mi ausencia es el pretexto a no ser parte
    de otra historia de la que queda y aún no ha sido,
    extinguiéndome por dentro.
Como esos muros y estatuas apuntalados por
    la sombra que cayeron.
Hoy, son los días de la desmemoria
    he querido levantar mi esquelética mano contra
    el tiempo y esas puertas en ruinas que bajo el
    polvo se abren.
Ciudad que en las oscuras aguas su
    cuerpo hunde.
Nada ha quedado excepto tu consumación.
Oh, Ciudad: ¿Quién puede con los ojos vendados

ver a ciegas amputada tu memoria?
¿Quién te dirá definitivamente: Levántate
    y anda, en tu alma ya no está la infección,
    tus ojos ven, la pudrición te ha sido perdonada?
    Hoy, la ciudad es el centro de mi ojo provisor:
    Asidero enfermizo y lánguida presencia de mis
    ojos.
De esta angustia que ha perpetuado
    para siempre mi hambre de viajero.

II

En la oscura noche de las luces
    sobre el pecho una herida
    semejante a los muros que cercan
    la ciudad es parte de toda la historia.
La historia de mi país hundido como
    gigante reloj de defectuoso mecanismo
    que retrocede los grandes émbolos de su
    inexistencia, de caballos que halan el porvenir
    con hermosa crin almidonada
    durmiendo el sagrado pan de algunos días
    como si de consignas y espejismos
    afilara en la ceniza su muerte el hombre.
Y es que aquí Señores magistrados
    nuestra libertad es como animal que huye
    y salta mimoso a las manos del visitante
    a la doble aglutinación de su sonrisa.

Pero nosotros que no somos visitantes
    apenas un mantel como bandera
    dueños de una tierra calcinada.
Nosotros que tendremos que cruzar
    en puntillas de pie las tupidas cordilleras del mar
    y volver algún día para que sólo así nos acojan
    con los brazos abiertos.
Porque aquí toda hambre de viajar se
    hace vieja todo designio una pancarta que los
    huesos del fuego queman.
Quemar la ceniza Señores no es salvarla
    no es siquiera un coro luminoso de voces.
Quemar la ceniza a espaldas del verdugo
    resulta siempre un juego peligroso
    como el obsesivo recuerdo hacia la guerra donde
    ser recluido resulta más fácil que disertar o
    brindarse.
Yo solamente quería reconocerme
    confundirme entre la sombra de los héroes dar
    un poco o lo que queda de mis manos.
Sólo quería bailar y ensuciar la noche
    hacerla mi pareja para amarla
    mientras la música afuera deambulaba.
Tan sólo quería ser feliz por un instante
    sin mirar los muros derrumbados en las copas.
    Sólo quería brindar y despeinarme bailar en mi
    país la dulce orgía del tiempo.
Solamente quise conocer el ruido de

   las trampas y tuve trampas, mucho encierro
   menos el ruido del silencio donde fui atado.
Ciego en el reino mendigo de las migajas
   que al alma tiran dueño de una tierra que
   a otros pertenece.
Porque aquí Señores mi único privilegio
   es contemplar lo que a otros pertenece
   ver como la historia sin historia se repite y nos
   lapida lentamente.
Quemar la ceniza o morir:
   Cansado de consignas y héroes me siento
   Señores. Me siento.

CENA OSCURA OSCURA CENA

Sentado en la posibilidad no es la mesa
    oscura cena quien invita a esta hora
    en que difícil ha sido la cuarta dimensión del
    alimento.
Y quien se sienta extraño mira pues de otra cena
    sobre la mesa tal vez no está.
No está y aunque muy lejos con el
    ridículo manjar encajado
    entre una mesa en que apetece.
Y es de cena contra los frutos
    la inmensa bandeja se reduce y llueve
    para sí precipitada.
Cena oscura oscura cena dentro de la
    estrecha mesa sentado
    uno advierte demasiado tarde
    suficiente para uno advertir entonces
    la simetría y el ángulo
    el alimento de diamante que enfangado
    disuelve luz si luz disuelve.
Uno se ensambla parte la gasa en tres mitades
    parte la venda del pez que duerme
    pues tenemos un alimento menos tímido
    tal vez unas piernas tímidas

un pecho tímido para hundir la borrasca y los
residuos aquí desde luego sentados
¿qué podremos hacer?
¿qué hará del manjar la turbia mesa?
para volver al sitio a la cena. Oscuridad.

NOTICIAS DE LA ATLÁNTIDA

Un mínimo fuego no supone que
    ahora extrañaré la ciudad con su mancha fresca
    los peces asomados por ventanas altísimas que
    pronuncian un eco abrumador en la intención
    que es nada en contra donde una luz se aleja y el
    globo encima sostenido somos nosotros mirando
    caer la sombra en la ciudad.
Y la isla suspendiéndose desigual colgando
    del cuello la primera noche ha de historiar la
    música anfibia de las aves en esa pesadez que
    suponen los difuntos cuando perciben los
    aullidos como frágil clamor
    al lado de dos máscaras en descomposición y
    escrituras
    donde anunciaron ser cortada en medio
    del fuego la hoguera que alumbra el monumento
    del muro cuyo pastizal desconocen quienes se
    aproximan
    o arrastran sobre el vidrio cabeza y lengua
    junto a la isla que han intentado mostrarnos
    sobre la mesa de las aguas para golpear nuestra
    ira.
El silencio en gran muralla desplomada

      si las escrituras salvarán lo negado
      por nosotros que fuimos a escuchar
      la invasión de la burbuja en los órganos cortados
      y la asfixia que muestra la culpa el cementerio de
      la voz palabras como quemados paisajes que del
      espejo brotan y
      en humo convierte a quien lo mira.
A nadie que no sea hijo de una voz
          invirtiendo la memoria corona de peces y panes
          la herida del recuerdo a paso lento el silencio del
          recuerdo como regreso triste
          junto al vaho de las tumbas que la bestia vomita
          y nosotros con las úlceras viejas
          pidiendo un trozo de arena para enterrar los ojos
          ver que la orgía transgrede el peso del vacío el
          miedo de la estatua pariendo nuestro silencio.
Entre la ceguera que es la ciudad dividida
      como señal de la ceniza
      del ave líquida con su vientre hundido
      en sueños de celebrar los restos de otra ciudad
      que despertar ofrece
      si hemos mentido por culpa del incendio
      por la pasión del miedo contra un árbol
      en medio del umbral donde habéis dejado
      pernoctar a la criatura enemiga
      que exprime su corazón al nuestro.
Cuando todo fue resumen del vacío

      aciertos que la pérdida y sus frutos otorgan si
      habéis dicho que dentro de la
      luz otro país habita brindando la consumación
      del monstruo para tocarlo y soñar en su piel la
      imitación del inicio
      desde las aguas profundas del recuerdo.
Pero han clavado en los ojos las puertas
      que conducen al sueño como nuevo
      advenimiento han dicho a esta hora
      cuánto durará el juicio final
      la manada volando despaciosa
      contra el acierto y otro cielo susurrado
      si caer hasta posar el oficio
      no está espera sino un silbido que prolongue los
      ecos congelados de las trampas.
Cuando exacta luz y maniobra vuelvan a
      imitar el derrumbe los olores seguros que
      prosiguen sin un cambio a que perdamos
      sino el mimbre florecido o las ganas
      de dar un salto milagroso
      al llanto de la luz que en dolencia cae
      donde clavan las puertas
      para que ningún cristal junto a la voz
      exclame el nombre de mi doble
      pidiendo un comienzo a la batalla.
Si hoy habíamos jurado no aplaudir
      convocarnos una próxima ceremonia

    sin que los ahorcados desmientan el auspicio de
    los pozos en cuyo interior persisten restos de
    cuerpos
    untados de sal y permanencia.
Si vimos la oscura herida abrirse de su cueva
    los insectos ocupar una salida
    la gran época la estación de las grandes
    limpiezas para aliviar el sargazo contra una
    sublevación que escupe palabras de peste si
    cualquier claridad sería extraña
    a la próxima ceremonia
    donde festejar el origen y postrimería del
    principio. Los nobles aplausos en un círculo
    mayor que jamás condene.
Negamos y en toda negación queda un poco
    de existencia donde no dormir tranquilos
    ante un signo mortal que nos vuele la tapa de los
    sesos para andar con la tinta
    pronunciando oscura la voz
    en la distorsión del agua
    que desiguala tu nombre a conmover
    a dar los tubos de la respiración como prueba
    aunque los relojes disparen su mecanismo
    contra la vacuidad que se interpone entre el
    origen y fin
    de las triunfantes aguas.

LA OSCURA PERMANENCIA

Estatuas de la noche, viajad en torno a la
      luz cuando hacia fría piedra en peso
      de ciudad nadie amanezca.
Sois quien esparce el polvo que sepulta
      cada palabra, pero la bestia a sí misma
      de frialdad en la punta del agua ha mentido, y la
      pregunta es el sueño, donde
      tendréis una pradera hasta que estatua
      permanezca.
Convidada al ectópago, dadle el lado oscuro
      que oficia la transparencia,
      dadle el monumento que aún no han
      construido, cuando caigan trepidantes y de
      puntas las palabras que alguna vez fueron
      dichas.
Voces clamando, preguntad por el fantasma
      que dibuja en los vitrales la ciudad de los
      muertos, aquellas cruces de agua para cada
      difunto de la ciudad doliente.
Estatuas que se hunden en la arena, cristal
      de la palabra que la cabeza del viento quisiera;
      abreviáis el paisaje, la sombra roja como pájaro
      que harán

decapitar en el fuego helado, que si el agua no
cubriera su sed, castillo de la ceniza sería.
La ciudad tendrá que inclinarse, antes que
la puerta del olvido se cierre, como amargo
recuerdo de los que van a enterrar la
hoguera, y los espejos más blancos
de lo oscuro.
Noche de ciudad si por ciudad entre el
    abismo queda tu pecho; el abismo que la sombra
    indica para volver tarde y acomodar los naipes,
    las cartas de triunfo, el fruto deslumbrador que
    el vacío de la noche otorgara.
Castillo que el agua reconstruye,
    podéis desplomar una torre,
    la menos alta, y cualquier rostro figurado dar al
    polvo de estos días, los días de ir despacio o
    lento hacia la profunda prontitud de la nada; días
    contra única memoria, que la luz del vacío siente
    como líquido en la palabra, que sobre el
    agua escribe, y desnuda en vuelo tendrá al caer
    un espacio absoluto donde habitará la lejanía.
Estatuas del alma, entenderéis el lenguaje
    más triste que la lluvia oculta, cuando
    todo sea resumen y turbia
    temporada, desasosiego que el cuerpo una
    vez desconociera.
Aceptad la oscura permanencia, las
    fortalezas más lúcidas del sueño, y

aquellas verdades que como preciado
mármol os pertenecían, y ahora son cenizas de
elevadas columnas que sostienen el silencio.

MUERTE DEL IMPALA

Sobre la noche han recogido los gestos
    y estrellas de la noche anterior;
      vestigios de sombras que desde el antiguo reloj
se complacen.
Han dicho, cuánto durará cada línea de
    luz, si para la sombra ninguna claridad imaginan
    como esplendor que escribieron en la letanía de
tus ojos.
Para tu cuerpo, habría silencio de fondo, entre
    el sueño como sonido hiriente del vacío habría, y
    yo sentado al frente mirándote nacer, oyendo
    palabras que los pájaros
más húmedos envían.
Pero han cerrado con viejas palabras la puerta,
    a esta hora se ha pensado que toda puerta es
    símbolo en nuestras bocas,
      extraño dibujo que el recuerdo y el fuego del
      olvido deshacen sino se espera al lado del árbol
      la manada en bruces escribiendo, los frutos que
tus labios imitan.
Mas, adoraron otra ceniza, dieron la promesa
    de las voces hasta que los muertos vieron en lo
    oscuro nada que sus visitantes encontrarían,

      nada que fuera esta calma
      y el caos que la potestad del tiempo ocultara.
Nada que estuviera al fondo, con fondo
      de extraños dibujos para tentar al
      tentador, darle las recortadas flores
      y quizás su olvido, como presencia de las aves
      que del sueño amargo despertar
      nunca quisieron.
Estas son las palabras que nunca
      Mostré para que la envidia como piedra hacia
      ella no rodara.
Estatuas de agua, fino mármol del agua
      junto a las voces que la sombra de luz me dio;
      pacientes columnas de quienes ofrecieron como
      fruto su propia negación,
      mostrando el limpio resplandor si no
      amanece.
Vueltos de lado o de nunca saber que
      posición escogerían,
      yendo de la luz al final de la luz,
      de la sombra del pez al árbol que otro pez mayor
      ingiere, desde el péndulo que la mañana inclinar
      quiso.

Mañana que del reloj la hora turbia se prefiere;
      a elegir la humedad de toda elección a
      comprobar, cuando el sonido a la campana
      invite.

Luz de pandora, animal donde llegan
      preguntas a lamer su viva muerte,
      ladrido sobre los perros del mundo,
      cayendo hacia la habitación que en la voz
      escucho la pregunta, palabras y ofrendas que
      jamás se dieron; nunca en verdad fueron las
      mismas palabras de la sangre
      sobre el rostro del escriba, de fondo al valle y a la
      montaña de la voz que la memoria escogió para
      descender.
Pero estamos tan lejos, en la bufanda tan
      tristes mirando aproximarse el cielo,
      culpándonos unos a otros, estamos tan
      maravillados que la soledad besa nuestra
      memoria con absoluta reverencia.
Nada quedará, el impala lo sabe y por
      esto miente y su mentira no es complicidad sino
      extravío
      estrecho círculo, vacío de nadie,
      cuando se dibuje el agua repetida del sueño
      como la mejor
      flauta del dibujo, y las estrellas queden muertas
      en mi boca, la boca de sus bocas en otra que no
      es la mía, y sus nombres escritos bajo los muros
      que del agua
      emergen a la ciudad confundida.

RECINTO DEL PÁJARO Y EL CÍRCULO DE LOS COROS

Vendados ya, los blancos animales que el
 palacio cruzan, ¿qué proscritos códigos,
 qué puertas flotarán sobre los olores
 que jamás nos fueron dados?
Andrómina la luz del humo lo devuelto; ¿qué
 humedad pertenece al telar, los hilos
 del pájaro que la sombra en vuelo bebe?
Vendadas aún, las nacientes divisiones dentro
 del cuerpo sumergido en los charcos,
 las ventanas que imitan el sonido, los
 terribles golpes de quien mira.
¿Y quién puede mirar la gran mancha de agua
 caer en la cabeza; quién muestra oscura
 la lengua indicando cada punta grasienta
 de la luz?
Gladiatorio, fijeza o lámina fría; lánguida señal
 del miedo los dados transparentes ruedan las
 alturas, envueltos entran y con el ojo
 apuñalado inicio un breve recorrido.
Altos puentes, mostradme la noche; recordarla
 ha de ser un bello suicidio;
 enredadera donde los huesos
 son lamidos contra venados

y un ábaco antiguo.
Nocturnos bosques escarchados, ciudades,
rápidas luces y nítidos anuncios cruzando
veloces el templo de la memoria; porque me
pudro y el triunfo no es poseer el pez, sino junto
a él perderse.
Porque no seremos los mismos, y como bultos de
venas cortadas intentamos levantarnos,
dibujar el tiempo un recinto en la ceniza,
donde todo rostro sea cruz y señal del ángulo.
La creación que mostraba el inicio, los collares
de la mentira brillando en el pecho de
plata, entre la estrecha bahía o su
nacimiento.
Si vendada ya, más aún la verdad; el humo
por las paredes no es precisamente convencerse
y el cuerpo un arco arcilloso,
la tabla flotante para lo que ha sido hecha;
creación gloriosa el cruce y temblor de las
piernas hermosamente colgadas, no contra ti,
que anuncias como un
faro la llegada.
Sino contra quien pregunta, o invierte
la respuesta hacia nosotros, que nunca
fuimos otros preguntándonos lo
desconocido; pero no basta
una escalera de alambre y rosas decoradas, entre
falacias fingir el grito

No es suficiente el fuego para consumirse, basta
>	mucho más que el reino de la hoguera, decididamente más que incinerar el árbol y convertir las llamas en la tabla justa para el cuerpo que al hundirse flota o nos muestra un rumbo.

Vendados los golpes, el telón de fondo y
>	la espuma que el reloj nos diera, quien moja el aceite del ojo rancio descubre un extraño mecanismo.

Y se alucina para siempre, se alucina
>	para nunca beber del telar la sombra deshilada, y el pájaro desde la mano, hacia la transparencia, oscuramente suelto

.

EVAPORACIONES MÚLTIPLES

DANZA DONDE EL ACRÓBATA CRUZA DORMIDO LA CUERDA

Con la suavidad del confinado el susto
      al atarse del propio sobresalto
      fluye sin pecho las mitades.
Delicada mitad que ha de ser agua
      como arabesco el estanque
      el fondo de la sordidez
      que las articulaciones podadas
      los huesos del fuego eligen.
El estanque es un brote de hielo
      sonido silenciado de las manos
      y la cuerda una corbata en la furia
      del espejo.
Hoy es un día o bien cualquier día de feria
      las máscaras que usaremos un vaso repleto feria
      de santos aceradas odiseas
      ojos que descienden líquidos en la gota
      donde ha nacido el obispo del pueblo
      para quemar estatuillas de cartón
      como una vara frágil dobles los rostros
      pasarán por la cuerda los objetos más valiosos, el
      olor de los muertos de siete días desvestidos y

      pareados a mutilarse van sobre la llovizna sus
      blancas orejas.
Hoy dentro de la gota de miel dormiremos,
      y la niña que siendo parte de mi sombra
      huirá quizás al otro lado del bosque
      al recinto incompatible de los suaves giros.
Tenéis el recuerdo, el ave roja y prohibida de
      sus pechos codiciados por quien ahora se aleja
      viendo como la bestia desnuda los hijos en un día
      extraño pero de útiles rostros, dentro del círculo
      los frutos congelados elegidos frutos cubiertos
      por el hielo.
Día de feria quién duda que la cuerda reventará
      sobre la boca pintada a fines de siglo
      y los dignos emblemas las formas de los
      decapitados en círculos bailando.
Tenéis todo el día parte eminente
      el obispo no oficiará desnudo la misa
      pero quemará su lengua con la grasa tibia
      mientras los santos duerman.
Tenéis que salvaros de las fugitivas
      Aves desdobladas como puertas que han abierto
      muy dentro, la puerta y sangre de arena mal
      viciada que hemos abierto dentro de nosotros,
      hasta que pasen las mujeres enanas los discos de
      nieve la cabeza del decapitado quizás la torre

ambigua y santos de cartón quemados por quien
ahora es una cuerda hecha con tripas de la pared
donde las joyas se exhibirán.
El acróbata bebiéndose la cuerda dormido
    podrá ascender jamás repartir
    huesos al piso, a la boca pálida
    de par en par abierta a todos los que llegarán a
    esta gran danza, porque hoy nada más hoy será
    día de feria,
    y yo ilustre servidor.

LAS AGUAS EN EL FUEGO

A la memoria de Raúl Hernández Novás.

*"Todo Ángel es terrible.
Y no obstante,...
Yo os canto, casi mortíferos
pájaros del alma..."*
    Rainer María Rilke.

I

En sorda luz prohibido derrama
un pájaro de vidrio en la pradera
llevadle hasta su boca media esfera
el fruto evanescente cual fiel llama.

El pájaro rojizo siempre gira
su reloj bajo el agua silenciosa
sentado entre la luz más poderosa
omite su helado fuego de la ira.

Coronando la escama del reverso
el oro en su garganta gorgorea
diamantes a través del universo

para este pájaro que luz desea
sorda luz de pradera en ella inmerso
donde la esfera al ojo lo procrea.

II

Enemistada encapucha la suerte
retorna hacia el vacío más eterno
palacio condenado blanco infierno
suave reino despoblado de muerte.

Del silencio enlutada llega inerte
y contempla en orgasmo la fortuna
engendro del abismo donde vierte
la gastada flacidez de alma impura.

Estrado níveo sable os condeno
enlutado entre noche encarnecida
repartir con tus sueños el veneno.

Enemistada encapucha la suerte
en la sombra que dice perseguida
y en menguado reino, feliz nos vierte.

III

Estatua que has mentido al ser cortada
en pedazos deformes la cabeza
si los ojos se ocultan qué sorpresa
será la fuga en vuelo condensada.

La roca echad si ríe mutilada
sobre el hiriente asfalto pedregoso
que del agua y su polvo enemistoso
jamás serán las piedras, cruel cascada.

Sacad la daga en doble y suave punta
cual trofeo el cuerpo balbuceante
mellando el filo que otra lengua junta.

La estatua virgen, ya desesperante
su miembro en él licúa, de piel lo unta
y se exhibe en colores lo triunfante.

IV

Tendrás la puerta de hielo derretida
ante un diluvio de árbol despacioso
que anunciante contempla clamoroso
la mano hosca, demente, prohibida.

Tendrás un cielo roto en la pecera:
turbios peces lampiños despeinados
que en largos y acuático hueso sentados
la danza estoica iniciarán, primera.

Tendrás el todo: diestra de la nada
desde un desierto infértil distinguido
bosques de frutos y agua duplicada

dragando un ojo expiado, perseguido.
Tendrás la puerta, puerta congelada
el duro oficio de abrir lo perdido.

V

Pare la sombra una grasa en el reflejo
de las aguas otra sombra transparente
la segunda sin quererlo se hace espejo
fino azogue despulpado y complaciente.

La memoria perforada resplandece
en el doble: un fuego lento desbordado
escarchas tiemblan, su ojo reaparece
sobre un caballo ágilmente perfumado.

Hierve el mar en sus cristales cieno oscuro
que a la imagen de la niebla sofocaba
contra el rostro de una estatua: frágil muro

abortándose en la hoguera congelaba
al centauro lastimado, cuerpo impuro
del badajo que a la sombra se castraba.

CONVERSACIÓN CON MI PADRE

He visto a mi padre acomodar su cadáver
quitarse el polvo del camino
su pie descalzo sobre clavos afincar.
Lo veo y mi repugnancia es otra forma de amarlo
de poder ahora que han pasado los años
levantarle la voz y mirarlo fijamente al pecho.
No existe límite, jamás habrá un nuevo enfrentamiento.
Yo estoy   o pude estar
mirando al que fue mi padre contemplar su cadáver
y esto ha sido toda la respuesta.

NOCHE DE RONDA LEYENDO AL MORO

A Fayad Jamís, con reverencia

En la esquina le están cayendo a palos
duele mucho sé que duele.
Estoy pensando sin mirar
hace un año dejé el cigarro
y en mi nueva tos hay un limpio monumento.
Pronto deprisa vengan a ver
cómo sangra el símbolo el degollado mármol
de los que miran.
Cómo se inflama el sexto pulmón de mi sentido:
El alma blanca que me hiciste esta tarde, amor
y de la que ya habló el poeta.

PALABRAS ESCRITAS POR DENTRO

A Yoel Mesa Falcón, amigo.

*No vacilo en escribir esta palabra
(.....) que me escribe por dentro.*

F.J

En la Plaza antigua de lo que fuera la
    chorrean sangre, está alguien que no eres tú ni es
    otro.
Pero por un instante nuestras miradas son
    las mismas, entre tanta gente como entre tantos
    anuncios, entre el frío rejuego de ser lejana
    penitencia.
Un hombre con la cabeza que me pertenece,
    en las manos con lo mucho y poco que conozco
    me habla y puedo sentir su respiración en mi
    respiración, su aliento podrido en el mío
    dibujado.
De enorme relieve las manos que alzadas
    a quién claman, mi Dios, a quién acuden después
    de esta amputación y esta limpieza de no perder
    ya nada, de que en su piel mi piel se pudra.
Porque yo no es otro es uno mismo dividido,

la prolongada inactividad el cáncer que vamos
tragando que nos traga nos da la bienvenida:
Bienaventurados los de doble muerte
    porque para ellos no habrá más que un
    sólo infierno.
Bienaventurados los que fueron ignorados
    porque ese ha sido el castigo.
Bienaventurados los que lloran
    porque llorarán con ganas llorarán.
Bienaventurados los mutilados porque su
    cabeza algún día tendrá otro precio...
Y el pan ha de ser el mismo, sobre la
    ríspida mesa ha de estar igual,
    sonriente y mudo pero sonriente,
    para que en la Plaza de lo que fue la ciudad
    demos una nueva bienvenida,
    ahora que mis ojos y los tuyos se mezclan
    y puedo ver lo que no ves, oír todo cuanto no
    oyes, deglutir mi pan en otra saliva,
    mi hambre comer, de mi propia sangre ser
    sepulturero mientras el polvo las hojas secas son
    arrastradas movidas por mi instinto que ya no
    me pertenece.
En el silencio de las calles contra qué y
    para qué diré: Cuerpo de mi alma o alma que ya
    no estás en mi cuerpo.
¿No padeces ni sientes el frío cuchillo que
    Te lastima, el inválido fruto de toda alegría

de amar y ser en el fondo, final de tan pobre existencia?
De ir y venir a merced de lo que dentro
nos domina, esclavos del peor imperio,
degollados sin decir siquiera nada
como sonriéndole al bufón que fuimos,
al que somos y seremos desde la fundación del
Mundo y nadie ha de morir en mi memoria
porque no tengo memoria y morir para nada ha
resultado, o mi significado es algo extraño acerca
de la muerte.
Viva la muerte, viva yo verdaderamente junto a
ti y aquellos, al lado del nacimiento pero lejos de
la Plaza lejos de la ciudad de lo que un día
conocimos y ahora conozco que todo de nada me
ha servido, que mi incredulidad ayuda a
comprender a no creer y a la vez encontrar una
mejor respuesta otra forma de máscara otro
modo.
Yo como buen inexistente que soy me atrevo
a hablar de las cosas que aún no han resultado,
como esta tierra fría que cubre mi cuerpo el
cuerpo que está dentro y
espera, no el podrido o el que ves, no este ni
aquel ni el que imaginas saliendo de la tierra que
la voz hoy cubre.
Porque permites y dejas que tu propio pie

te aplaste, porque no sabes que en tu cabeza está
el veneno de la serpiente y su letal mordida, en la
fruta de tu conciencia
atravesada como venado en vuelo.
Estás escuchando entiendes las palabras
el lenguaje del agua aceptas,
para entonces irás purificado
suciamente limpio pero purificado,
alzándose flotadiza tu imaginación que no está y
vuelve, que se ensancha como globo
de lo que vendrá y lo que has visto,
en la Plaza de lo que fue nuestra memoria.

PULSACIONES

> *El infierno es la tierra de los soñadores,*
> *de los amantes de las ilusiones, que huyen*
> *del cielo, que es la patria de los amos de*
> *la realidad y del mundo, donde viven los*
> *esclavos de la realidad...*

Cuando me dispararon en la frente
    los Señores de la alta cofradía brindaron
    dieron la noticia por la radio que todo había
    concluido que mis ojos no serían vendidos al
    coleccionista como hicieron con los de Albert
    Einstein.
Y las novias que tuve, los amigos de bares
    aquellos con quienes me bebí los espejos
    estaban mirando mi cabeza lacerada
    detrás del vidrio a través del grueso cristal
    y aunque no vino la prensa ni la Cámara de
    Representantes tuve coronas y estiércol, también
    llegaron noticias del Jefe de Estado.
Cuando me dispararon en las manos
    creyeron que no escribiría otra Sagrada
    Escritura donde denunciara mi propia muerte de
    muerte que siempre vivo
    como un soldado que sólo ha recibido
    flores, medallas para que pueda

quizás para que no pueda conocer la
verdadera historia donde se gastan los aciertos.
Acaso nunca porque jamás acertamos
sin embargo comprendimos que las aguas
las rojas aguas no pueden ser diseminadas para
que la tortura de un pueblo permanezca.
Acaso nunca porque mis manos
    aunque fueron disparadas nunca se alzaron en
    nombre de esas mismas aguas pervertidas que
    nos dieron a beber hasta confundirnos.
Mientras los Señores vertían al abismo la
    mirada, las Matrioskas con un machete en el
    equilibrio. Mientras los ojos
    no eran postilla ni grasa de anunciaciones
    sino premisas cadenas y oropeles
    como el antiguo grillete puesto en la garganta
    que el zumo de las palabras fue podando.
Cuando me dispararon en la frente
    tuve que decir que yo mismo lo hice
    que un poeta de mierda en nombre de otros
    poetas de mierda había muerto
    y otra vez el funeral:
Las putas no las novias llorando
    los abstemios no los borrachos brindando
    los terroristas no los de la alta cofradía llevando
    la noticia a la prensa.
¿Y de la radio, qué hicieron los pertenecientes
    a la Cámara de Representantes de ella?

Porque hoy han dado la noticia
cuando en los ojos una nueva palma de luz se
erige hasta el fondo del haz inerme
al final del escudo que se empolva
donde en nombre de todos los poetas muertos
fue a dar mi disparo.

LA MADRIGUERA Y EL ESPEJO DEL GAMO

A Jesús Almarales, en memoria

Eso de salir con el asecho a soplar el
    cuerno, volver sin el consentimiento del suicida
    quien coloca el pecho como una baranda hacia la
    noche, pero no logra entender cómo será
    entonces el dolor
    los murciélagos lamiendo los huesos rojizos.
Esa no es la mejor opción volver muy tarde a
    la ciudad, cuando hayan decapitado las luces, y
    hacía falta una razón en los vertederos, una
    razón al enterrador que sepulta un cuerpo así
    otro y otro hasta terminada la función.
El enterrador es en ocasiones una gente
    Buena si salta el animal y llega a la ciudad
    cubierto de tierra para mirarse en el espejo.
Yo detesto en esos días la ciudad, me abro
    el pecho, drago sus aguas cuando todos duermen
    con mucho miedo atados, tiran el ancla dentro
    del sueño siempre.

Todo es verdad están afuera soplando el cuerno
>hasta que salga el animal de la madriguera donde
>a menudo ocurren cosas extrañas.
La madriguera la ciudad los objetos son
>una misma cosa y los charcos una ilusión
>primera trampa.
Están soplando afuera el cuerno:
>Salgo con el pecho del gamo y salto
>al oscuro brillo de su espejo.

EL AHOGADO DE LA VENTANA

> *los ahogados de espalda,*
> *bajaban a dormir.*
> *Arthur Rimbaud.*

Fugitiva luna, densidad del ojo dinamitado de
    la estrella en el canto sumergido del ahogado
    acostado e inmóvil sobre el hombro del mar.
El ahogado se levanta, ha hecho su casa al
    lado del sueño, al lado del que espera
    sin rostro la muerte.
Fugitiva luna, ahora eres tú la que rebota
    como incienso encima de los anacrónicos
    sonámbulos, aunque el ahogado de la ventana
    desde una casa de agua en llamas
    de espalda se despida.

FÁBULA DEL AHORCADO

I

¿Qué hace el ahorcado escribiendo
      apasionadas cartas de amor
      a la novia de su asesino
      hoy precisamente que no se busca
      a ningún culpable por las calles de
sus manos?

II

El ahorcado no sabe que esas palabras
      nunca fueron escritas, pero no importa,
      mañana cuando afloje la gruesa soga
      ¿quién entonces escribirá las palabras que por él
no fueron dichas?

III

Un ahorcado jamás podrá ser su
      asesino ni el de otros
      hasta tanto se pruebe lo contrario.

CÁMARA HIPERBÁRICA

Lenta curva en descenso
      acantilado que posa
      un recorrido sumando
      por cada hueco torva luz
      donde ha bebido el pulposo centro
      la arena transparente lejana
      como mitad oblicua cayendo
      en lagos de humo el pez duerme
      sobre escarcha un ave flota
      y su fuego se hunde con ese mismo peso
      codiciado por la silueta corrompida.
Danza sobre un doble espejo
      la furia arterial contra pulmón flotante
      dolor flotante cuando noche
      como tripa de palidez fluctúa
      a extirpar pedazo a pedazo desde el fondo rojo y
      cosido tuétano de plaga tributaria.

CERBERO, MINOS Y CARONTE CONVERSAN CON ERICTO

> *Una cosa no puede existir sino por medio de su contrario: La cosa y su contrario tienen que originarse juntamente, y eso eternamente, como los complementos de una unidad.*
>
> Hegel.

CERBERO: Han amarrado mi cuello, y arrastrándome dentro de la bola ardiente las cadenas arden. Reino de los muertos obedeced, que en castigo el anti bucólico Salvador espero.

MINOS: Ciudad de la voz el círculo, las joyas preservadlas, y sed obedientes. En medio del Monograma va cayendo mi aliento, lava de vocear. No temáis, os cuido.

CARONTE: Corran para que las paredes se alejen. Detrás de la maquinaria como invento el río; los causes dan agua y ha llovido tan poco en mi memoria, tan escasa lluvia alimentada que parecemos parecer. No escucháis la imaginación

precipitarse junto al agua. No veis la nada en diluvio flotar; la absoluta nada, el Uno dividido y esta secreción que alimenta las
piedras que ruedan por mis venas.

CERBERO: En Asamblea, con la alta guardia de cuidar para qué muertos sois convictos.

ERICTO: Nada podré hacer, ajenos míos. Tal vez nada intentaré hacer.

MINOS: Sobre los muros van cayendo nuevos muros. Estos sedimentos se impregnan y reciclan de las columnas majestuosas trazas. Oíd la ondulación, oh, Cerbero, tu triada esperad haciendo de la pulpa otra burbuja manuscrita o facturada donde escribas quiénes pueden entrar al verde recinto de los que esperan. Oíd tu voz, la suave gesticulación, y decid que no estáis solos.

CARONTE: Estas palabras que en la piedra proceden y edifican. Estos círculos vulvares del crecimiento, de los fornicarios dedos, de las enjutas trampas que se elevan victoriosas, no imaginan que la humanidad decrece y anulando se alza. Cuido y quién acostumbrado hablará para mi convencimiento que esta oscuridad es
sólo nuestra. Es la hoguera, los hilos que la araña blindada teje, el pentagrama de la vocación, donde los

músicos para la corte inician el canto. Estas palabras huesudas, sucias, ajadas, y este ríspido aliento
que os cuido, ¿a quién pertenece?

ERICTO: Ectoplasma, Ábaco, me falta licuar, mi mente mezclar os falta.

CERBERO: Nenúfares que toman el sol oscuro eso te falta. Abrid la puerta. Almacena por negación; una de mis cabezas entrego.

MINOS: Tengo miedo y río. Tengo hambre y río. Tengo lo soñado y sueño, pero río.

CARONTE: En el Apocalipsis escrito está: "Y del *humo salieron langostas sobre la tierra; y se les dio poder, como tienen poder los escorpiones de la tierra*".

CERBERO: En mi agenda de notas escrito también está: No tendréis quien os mande. El dueño de uno mismo es lo negado.
MINOS: ¡Blasfemas!

CARONTE: Es algo sabio, de decir lo imaginado, la verdad que está en parte alguna. Di tú sabiduría. ¿Qué ha sido del hombre para el animal y por el insecto?

ERICTO: Nemrodotra torre ha construido. Huid, huidizos, escapad de la parda tierra a otra
menos oscura. En la blanca nieve de siempre, con los ojos disecaron al alto oriente. La ciudad de mil siglos se levanta, es la misma, nada cambia, ustedes son los mismos también pero distintos, van y vienen se mueren encima y reaparecen lastimados en la ciudad que los ojos del nacido no han visto.

CERBERO: Mi padre vendrá a darme junto a los fieles la comida. No miraré ni diré estoy cansado ni afligido ni renuncio de bolas en el fuego mis rituales. Mas lo negaré...

Ericto alza los ojos y contempla los siete círculos abrirse no dentro de otro, y con un ademán instintivo dice: ¡Estáis de rodillas clamando, esclavos de la letra muerta los que claman, y maldecidos en la noche los paridos y lavados con
la sangre de la Estigia..! Id al río Leteo, ¿no veis la puerta, los sonámbulos acomodar las degolladas ovejas para ser depuradas. No veis mi mano en el centro de la mesa abrirse y cerrar el pequeño universo donde aquejados estáis sin más inmensidad que vuestra propia sentencia?. ¿Estáis de rodillas clamando? ¡Levantaos!.

CERBERO: Confundido, anatema soy, quien

huele mi oído y se acerca. Creyente fui y seré. Anatema soy.

MINOS: ¡Te reprendo en nombre de Dios!

CARONTE: Volvéis, las casas, los valles, la ciudad lumínica y cloacas vivientes, volvéis. Qué prueba mi existencia, sino esta soledad que me falta para comprender la siguiente.

ERICTO: Sobre la memoria, pasaron rozando unas botas sucias, un pantano y la linterna de *Jerónimo Bosco* pasa rozando la luz aguada también. Usamos las sílabas, vamos o no a la guerra, inventamos un discurso y en la *Galería de Madonas* contemplamos nuestras rojas barrigas, los pétalos del sudor, la risita recién cuidada, el dame la mano y danzaremos
sobre el símbolo hueco; hueca voz y encima los tractores, las garzas que se avecindan llevándome las manos.

CERBERO: Por cien denarios permanezco.

MINOS: Liquidar es preciso, ¡Absalón!

CERBERO: Un fango limpio como los estanques de la ciudad prohibida. Me dan ganas de
llorar, yo que todo espero, por cien denarios, oh, Dios.

MINOS: ¡Salud!

CERBERO: Por cien, míseros, y reconfortantes denarios.

CARONTE: Hijo mío, es real el lago que te envuelve, las aguas de la Estigia, las dulces aguas que tus ojos procuran. De esas aguas y esos peces, cuando la noche se lubrica, abre las piernas y pare nuestros rostros que contemplan en la bola el naciente fuego, el perfil de la nueva Era apercibida, de esos ojos Ex Ore Parvulorum Veritas.
ERICTO: Hoc Volo, Sic Jubeo, Sit Proratione Voluntas.
CERBERO: Hermanos, éste es el Consensus Ómnium, y aquellas las letras y los signos de la luz Astral que me guía; la fuerza intermedia de toda creación que me arrastra hasta el abismo. Aquí el sueño es un estado de locura. El fuego que calienta y vivifica, ahora aniquila y extermina. Anima Mundi: ¿Qué luz mezclada sale del pozo que me exonera?
¿Por qué mi sangre ríe en lo divino? porque le han amputado el tendón al sueño, y
la oscuridad como gigante espíritu me da su pecho, la caliente y enfermiza comprensión de permanecer en el sitio que me pertenece. Voy descendiendo hacia lo alto, Cogito, Ergo, Sum, hasta las puertas mezcladas que a ustedes igual os conducen.

ERICTO: El séptimo Ángel tocó la trompeta, y hubo grandes voces en el cielo*, donde las serpientes gigantes caen, de los nudosos árboles, con negros perfumes**. Es que no abreviáis el giro de los golpes, los goznes, la pica imantada de lo que por vosotros fuisteis escritos.
Es acaso que esperarán la luna rebotar, inclinar su fría mueca sobre las mansas aguas de lo oscuro.

CARONTE: Espectaculares las palabras: Cristal, display, home-back.

MINOS: Fallamos. A los 33 días ovalares del apócrifo bostezo, junto a la insignia XP, conteniendo para mis séquitos un grano de dignidad sembrar.

CERBERO: Alfa y Omega.

MINOS: Dadme el hacha.

CERBERO: Ya he vendido mi memoria.

MINOS: Afilad la lengua.

CARONTE: Una lengua como un manjar, suplicadle, un manjar como una lengua, bendecidle, y quedar ilícito, quedar amonestado.

ERICTO: En cada comienzo del día, en cada luz, oh, gélida figura, en esta tarde paradisiaca donde confundidos antes, cercanos después y
nuestra memoria colocada sobre la piedra para ser cortada, la piedra hiriente que rueda junto al ojo mezclado en la sangre; en la tierra los muñones creciendo en aclamación, uno, dos, tres, falta uno, los lisiados dedos de la perfección y a dónde proseguimos mi Dios, ¿qué camino nos acerca o aleja de ti, por carretera, a pie, en velocípedo ir hasta la majestuosa triada: No vamos en filas aún más lejos, en infinitas filas aceptamos, decir o no, fingimos? y el camino, la ribera encima del mar, de un lado el cielo rojo y azul, las aguas donde iremos a postrar los huesos del viento, el espejo
paralítico que me mira. En cada comienzo del día los fantasmas nos asechan,
llenan nuestra memoria, nuestra fría y estéril memoria.

Cerbero sale corriendo hasta las puertas que separan
las aguas del cielo, y asomándose a través de los
múltiples orificios que tienen la cerradura responde:

No prevaricaré. Son los días del pánico y estoy aquí antes de tiempo. Mi oficio es múltiple, como la voz del agua del pozo. ¿Qué reflejan los espejos que la desidia impele, qué agraz ofrenda

darán mis manos tocadoras de cuanto hubo sido, es acaso el temor por lo que conozco la sentencia, o mi asfixia es contada como única respuesta? El hombre comienza a envejecer desde el momento que nace, lleno de iniquidad y soberbia desobedece.
¿Quién lo hará cambiar y seguir otro lindero?

MINOS: Tus palabras que engendrando otras de ellas mismas se alimentan, ¿dónde quedarán guardadas?, si de manera arbitraria como por prisma os miran. ¿Quién soy? EGO SUM QUI SUM para mí obviamente no es la respuesta; pero se teme porque hemos estado seguros, se tiene sed porque habiéndola saciado antes,
volvemos a construir para nuestro deseo la imaginaria fuente.

CERBERO: ¿Es la sed fabulación o consenso, estado de gracia o prueba de estar vivo... Para qué nos sirve en realidad la sed?

MINOS: ¿Qué es vuestra voluntad si transgredes los muros de la sed; con quiénes compararán tu victoriosa abstinencia, aquellos
que una vez en los momentos difíciles sin esperanza la soportaron?
Engrandécete, hijo mío, resiste toda tentación, sé puro, como puras son las palabras de la conciencia que te guía.

Caronte, después de discutir con Ericto cuál es el verdadero origen de los sonidos del arpa, mira a Cerbero sin comprender la posición que adoptaron sus manos, y tomando el arpa entre las suyas, rasga las enormes cuerdas, dejando brotar unas melosas notas que le hacen exclamar:

Qué aliento de penumbra os conmueve
qué risotada en mármol sin blancura
hará para mi voz que no se llueve
de la podrida fruta la miel más pura.
Qué tálamo al dolor darán los rojos
frutos para ensangrentar la tierra
en las grietas infernales sea guerra
los firmes pasos de nuestro pie más cojo.
Qué hallé enterrado entre mi pecho
ácida lluvia tendrá que ser la ira
y el negro cielo el tenebroso techo
de la cimiente volveré a la vida.
Volveré a morir porque en aquel lecho

no estará el monstruo que me cuida.

Ericto, limpiando uno de los gruesos cristales de sus oscuros espejuelos se levanta, comienza a reír a carcajadas y tocando el séptimo círculo con sus rojizos ojos sentencia:

¡Abrid los cielos!
que la sangre por las tuberías del infierno corra.
¿Contra quién huirás, ungido?
Llama en la pared que divide el agua
ocaso contra toda luz por tinieblas
en la noche sin fondo
entre cada estrella que desangra mis ojos.
Guardados del principado, cae la mano,
su estatua en mis hombros.
Qué he dicho pues
me atreví a incriminarme y aprendo que no he existido.
Funerales y espejos de agua podrida se levantan
incendian el espíritu apuñalado.
A desbandada creyendo de templo en templo buscando
y la mirada su fétido olor en los aros.
He creído voy creyendo que me extingo
la eclosión vomitada mis cabezas divididas
tomando del fango la mano que no se pudre
¿Adoramos en verdad?
Somos unos buscadores y el sorbo como sarro
que no he tenido tiempo que mi tiempo es el barro

*las ciudades donde parí a gritos de pulmón
a pulmón de gritos los más hermosos insectos
adivinando que toda tentación es buena volvamos
o mientras tanto cabeza apedreada
seamos los verdaderos escribas de las tempestades.*

PRONÓSTICO DE GUERRA PARA HOMBRES SOLOS

Miraba la mancha caer como pájaro
      ácido miraba la carne podrir y una danza
      enfermiza alrededor
      otro coro pastoso en tibia voz alzar.
Cielo de mi sueño apedreado
      una muchacha con ojos salientes
      indicando la luz del último pasillo.
Miraba alto el puente niebla contra
      hilo lunar descendiendo el hacha diminuta
      amputando la memoria y el lago de la habitación
      lleno de batracios muertos.
Miraba mi pierna cortar figuras
      Lejanas masas incrustadas
      a merced de esqueléticos rostros
      menstruando contra el piso una silla sin ruedas
      sobre los muslos oxigenados.
La calavera en su caja al fondo
      señala el principio donde las puertas
      tendrán derretida los pasos del proyectado.
Una linterna para mirar lo oscuro
      una lengua de luz cubriendo paredes
      con manchas altas y enajenantes
      salpicando la arteria cortada

rompiendo cristales que del fuego nacen y paren el dolor sobre el mar de los días.

HACER LA CASA

De la punta la casa tiembla sobre el
      estrado hierba músculo,
        ¿qué puente que precipite salvará los cirios
      húmedos hará oblicuo y abrupto
      el oleaje?
De punta tímido fin es el comienzo
      ¿qué brinda del fuego un huésped
      a una casa ahogada?, ¿qué brinda
      el sable vertido al cuello rojizo
      al cuello amorfo de la garganta?
Tirante el dardo ante otro dardo muere
      quién teme y a quién temiendo llega oscurecido
      por un estanque hacia un sendero estanque dos
      tiempos   fugacidad decir acaso está
      escondido
      está mostrado es este y no lo que uno advierte
      ante dos tiempos
      inconfundible lo que uno y más no logra advertir.
¿Qué triunfo ofrece disimular el salto del
      salto quién esconde quién gira la casa sobre la
      punta el cielo sobre otro cielo quién que no
      escuche y acuda al llamado
      a la caída de soportar una caída?

Quién que no escupa su lengua arenosa
      de frente al frente en triste marcha
      obedecerá el dorso erecto antigua saeta
      la punta de la casa que ya no tiembla.

LOS PIES SOBRE LA TIERRA

Temiendo al espacio con su forma qué
    Pueden es triste y triste será vientre de estatua
    molido dócil vientre porque es posible un ser
    que no puede lograr el paradigma anunciado
    imposible.
Sintiéndose inmutado ¿cómo hacer mentido
    el pecho cómo estará la ciudad sintiéndose
    inmolada?
¿Dónde tibia imagen al espacio mugrienta
    sal abre las alas? Los temidos temen la puerta el
    agua empapada en agua
    sobre la asfixia de la ciudad.
Los muertos caminan en fila:
    ¿Cómo quieren hermosos muertos querer oír el
    pulmón vidrioso donde no respira la luz?
Los muertos de pie sudando la calva frente en
    el triángulo más incómodo entre la tierra.
Ellos heredaron un porvenir desheredado
    quieren con heridas lavar los ojos
    dragar del ojo quieren pero queriendo
    no logran ni pueden llegar a la inclinada ciudad
    para de ciudad morir.
Burlando la balanza miran desde el ojo

  acuoso al abismo la fricción del músculo.
Porque protegen ausentes dejan inscripta
  su parodia en la lengua del ángel
  donde salen cualquier noche a prostituirle la
  barriga a la salamandra con el péndulo de arena
  que el cielo echa abajo.
Qué perfectos se verán en círculos
  qué triangular sus formas sin forma
  frente a la pared donde serán ajusticiados.
Es otra hoguera que habla y miente
  que mentida acepta poseerse
  aceptar un símbolo y cuál símbolo
  hará para ella un homenaje.
Todos alguna que ninguna vez mentimos
  ante el sueño descuidado
  ante la impaciencia próxima.
Qué hermosa soledad qué bello clima
  anuncian los muertos de pie
  en fila por la calle más estrecha del abismo
  burlando la balanza
  en el centro mismo de la memoria.

HABEAS CORPUS

> *"Y dijo Dios: Sea la luz; y fue la luz"*
> *Génesis 1:3*

Pero sobre la luz han colocado en
      símbolos la misma ceremonia del manjar
      dibujando el agua de toda soledad naciente.
Hacíamos un ritual desde la mesa el
      viejo cántico para deglutir con devoción
      ungir nuestra memoria del vino repartido.
Cada difunto amarrado al silencioso árbol
      la ofrenda de esta noche donde cerramos los ojos
      o imaginamos que la ciudad se derrumba y
      sentado asisto a otra jauría del ayuno
      presintiendo que al llegar hasta el pecho el agua
      tendrá para la sed lo prometido.
Sobre los riscos han puesto las mantas y
      los huesos del día anterior
      como promesa de lo que hubo concluido.
Han abierto en dos las estrellas frías que
      una expansión nos recordaba
      y crearon otro cielo bajo el mismo cielo
      y una de las siete trompetas inmortalizó esta
      danza que cruza por la mesa que ha sido
      sepultada.

Yo velo estoy ciego de esperar por mí
      dar los buenos días al sepulturero
      que junto a la estrella fue enterrado.
      Yo espero celoso que nadie escupa mi garganta
      y me inclino sin quererlo a otros oídos.
He quemado los libros escritos y abrigarme
      transparencia de sostener la rueda
      que gira para otra diminuta
      cuando reunidos frente al patio
      ¿quién llama?
      quién que no conozca la voz
      pondrá la lengua sobre el plato y repartirá
      a pedazos deformes
      las mantas que adorasen.

TIERRA DE PROMISIÓN

> *"Extiende tu mano hacia el cielo,*
> *para que haya tinieblas sobre la tierra".*
> *Éxodo 10:21*

I

Vos sois el inicio la absorción
    bocado de esta culpa quien escucha
    el gemido la cruz reconstruida de cuyo recuerdo
    haremos el templo de la angustia.

II

Porque no es con sombra de pobre en
    pobre repetir lo que intimida
    de cuál sierpe ir despacio
    la cadena hasta el extremo licuando la mente a
    martillazo a golpe de platillo tu cabeza amorfa
    tus ojos salpicados sobre los pañuelos más
    limpios que ofreceréis a la plaga.

III

Sombra que sobre mudez una figura que
    no hable la pared atravesada por un hueco para
    toda mentira retrocediendo siempre para
    cualquier dibujo en rostro de agua extinta.
En mi cuerpo os he consumido
    bebieron al pez su barriga tatuada que simula
    volver a esta ciudad de luces infinitas.
Tomad el candelabro del crustáceo que sois
    y en ristre sobre la montaña de las voces
    enmudece a quienes cruzan un bosque
    sumergido una nueva ciudad como isla entre los
    dedos escurrida.
Sea la hora de salir en puntillas del sueño
    sean edificadas del témpano las tuberías que lo
    respiran.

IV

Qué importa el animal sangrante en tu
    memoria, ¿qué dirás cuando brote inadvertido
    un árbol desde el fondo de las bocas que
    pronuncian los frutos que te
    cubren pudiendo gritar o notal vez tenderte de
    espaldas hacia un lado sin mirar fijo
    cómo pintan el césped y

escriben en tu mano el número de la bestia
moribunda, asechando lentos los pasos como si
la ciudad ante sus ojos
todo fuego también reconociera?
Tenéis al animal flotante su aliento de
cieno florecido de plaga para estas horas
cuando duermen los que no le conocen
y recorren dos mismos pasillos
pareciendo serena la silueta de quien vela
o lanza babeante otra voz que puede hueca
adular lo conseguido
lo extraviado puesto sobre oblicuas paredes si
llueven nuestros pies pisada del miedo estar
riendo del vientre que pisan y aúlla.

V

Escuchad la maquinaria el concierto afónico
que la construye a tu cabeza colocada
trozando cada péndulo de luz imaginario
todo flujo transparente y ciego sin mirar no
viendo nada detrás la mampara tú mismo
atravesado por una puerta
una menos otra más, a lo lejos
el globo de la ceniza emergiendo
figuras de un lienzo oscuro y cualquier ciudad
flotante sobre las aguas del cuerpo

       cuerpo de piedra en piedra que petrifica
       las señales sumergidas en bruces.
Grandes faunos de cien dedos
       Dracontópodos, Minotauros de uñas en la
       hirviente grasa del anochecer
       Grifos de labios dibujados
       hienas con manchas que destilan
       las culebras del lago en sus cuernos
       entre un indefenso dragón.
Escuchad todo esto no tendrán
       si postrados ante sí mismo se adorasen
       todo esto no más a qué lugar que recuerde
       de cuál sitio temer de noche en noche al nuevo
       día.
Despertad del mismo sueño al que comienza
       entreviendo qué podrás proteger
       contra las llamas la voz del fuego
       que su pronta agua hiela.
¿De dónde la mutilada fuente?
Construida por quién que no se llueve
       de sombras todo advenimiento todo dado vuelto
       a los mismos números sobre el rostro del que
       viene.

MURO DE PUENTES Y TRENOS

> *¿Por qué se lamenta*
> *el hombre viviente?"*
>
> *Lamentaciones 3:39*

Que estamos soplando la luz que hoy
    ha sido clausurado el puente a dónde vas de cada
    agua un pasadizo
    un pequeño puente que recuerde
    que semeje no haberse repetido
    entre los sueños no hallarse derrumbado.
Tragante o inerte el puente de suciedad
    tal vez cruzar lo pobre del agua que fenece
    báscula junto al ojo parlante
    queda la tarde rancia y sorprendida.
Mira con noche por cúpula tragada
    el brillo que lo curva como manada cruzando
    donde los bosques flotan
    ante el dintel en los arcos.
Un puente oblicuo de mil brazos,
    cuadrantes gemas sin agua soterrar
    la trampa oculta cuando próxima
    marchante hacia el no ir,
    de brevedad a su cruzar funciona
    una punta puesta a la punta

cayendo al mar de peñascos aflojará
hundir su treno
maloliente con árbol del muro.
La ciudad del muro a hurtadillas construirá
sobre el puente
sin torres ni bracear desde el alero
la plateada branquia.

TESTAMENTO

De la muerte siempre hablaste: No sobre
        el papel sino desde el polvo que cubre tu
        lamento, para que te creyeran quienes no te
        conocían.
Has mentido. Sólo en la ceniza
        habrás colocado en alto tu nombre.
Pero nada excepto la consumación te
        será dada. Nada, tan sólo una falsa imagen, un
        oscuro mar de sueños donde día a día te
        sumerges.
Imitas, vuelves a reconstruir un falso
        paraíso que la muerte magnifica.
        ¿Qué has conseguido,
        a quién engañas con palabras que cortan en
        pedazos tu existencia?
Vuelve al principio, mírate desnudo
        y niega todo lo creado. Vuelve con la cabeza baja
        a contemplarte desde lejos.
Que ruede tu mentira como cántaro al
        fondo de la fuente y el sueño sea repartido en el
        hombre que no ha sido
        apuntalado.
¿Qué buscas en realidad?, ¿Por quién o

para qué te has sacrificado?
Huyes de ti, te alejas inconforme y la existencia
va cubriendo de aves
muertas todo cuanto miras.
Ofrece a cambio de nada, abre tu
corazón empobrecido y recibirás
para quien eres el agua que tu aliento no ha
contaminado.
¿Qué buscas y pretendes sin haber
logrado nada?. En tu cabeza están las voces, el
clamor de los que un día sabiéndolo excluiste.
Tu mentira te eleva pero nada glorifica,
y vas despacio con los ojos vendados emergiendo
del abismo
a otro que también te contamina.
No hables. Será en balde. No grites, para
el dolor que muele los huesos de tus días por
ahora no hay respuesta.
Hacia la trampa creada lentamente
irás cayendo.
Acepta y aprende de los que pensaron
en ti sin lástima o engaño.
De la muerte siempre hablaste.
¿Qué realmente has conseguido?

DIALOGO FRENTE AL ESPEJO A ESPALDAS DE LA PRIMERA MENTIRA QUE NADIE DIJO

> *To be or not to be*
> Shakespeare

POLIEDRO: Mostrado no de nadie ni de todo. Primero ser sin tener; fregadero esponjoso, lino de vidrio y pared reciclada. Cuarta dimensión, asco con sed y veis
Qué extraña mañana agita la jauría que el viento teje, los hilos del
ojo, inodoro abajo, telaraña y bombilla, fría
piedra alumbra sutil, caliente espuma.

SOMBRA: Noche de por nacer quiebro; en la cúpula Ángeles y murciélagos copulan. Es el ojo eructado, es sangre del ácido esplendor que vierto y a la caída infringe.

POLIEDRO: Mirad atrás, mirad que limpias
las manos del bulto, podredumbre y espaldar,
cabezas succionadas, la pata descolorida del rectángulo.

SOMBRA: Herrumbre.

POLIEDRO: Juega a Dios, juega a cortar la cabeza contra cara de terror y usura. Maloliente tarja y la suma antigua de los vasos sagrados,

creencia del vuelo en el fondo y arriba,
de polvo abajo lo inusitado, ceniza de árbol podado si abiertas las puertas temen que el miedo y escarcha del pez aparezcan.

SOMBRA: Parimos lo oscuro, nada somos, parimos lo oxidado siempre vamos; a dónde volvéis, a dónde, que lo oscuro gire alfarero en los campos desiertos del miedo.
Sembramos brazos, relojes y las casas antiguas también sepultadas. Un giro de costado respira el silencio; el agua
grita soldado el agua lenta empuja. A qué infundir una gota de tiempo la memoria agujereada cayendo, y la época es
otra los Leones de aceite comienzan a hervir. En el fondo de la ciudad un hombre como un perro de brazos

clamando: ¡Qué somos, a dónde fuimos si el ir jamás imaginamos!

POLIEDRO: Un castillo para adorarme no un templo he construido; en las calles se respira la transparencia, es

un pájaro barnizado de luz que escupo y exijo, una cadena que muevo
desde lo alto donde estoy para que en la altura mi rostro con el de Dios se confunda; una línea azul, un parque inundado de humo y parvedad, las plantas de vinil y el alumbrado de gamuza multicolor para alabar.

¿Qué oiré, qué dejaré de oír y escuchar?

SOMBRA: Por este medio le comunico que hoy es un día especial y no teniendo más licencia sin sueldo acudo al llamado, acudo a la certeza microscópica de estar alerta.

POLIEDRO: Cuatro caballos sin fuerzas no cuatro jinetes son los que necesitamos, que halen sin aliento los terrones de luz, que muevan los ríos y las selvas, oh, que a patadas saquen el Armagedón, el filoso grumo, la esbelta
resonancia de las horas en cuya membresía esperamos.
Cuatro gordos y hermosos alazanes o la bestia inmunda en calidad de préstamo.

SOMBRA: Coronadme he sido y soy. *Ego sum qui sum* rodando la manzana pensar en el suicidio es extraño la gloria conozco no engañe más mis ojos que nada cieguen piden:

Trozo de lodo carnicero
semilla durazno y gondolar
la cúpula en ceguera ocular
para del mar ser el primero.

POLIEDRO: Conozco que conociendo caigo, caídos hablar dónde diré, áspid, estrella, yema de cal.

SOMBRA: Una sola quiero una cara lunar, óvalo, espacio más dimensión quiero.

POLIEDRO: Tenéis lo soñado, sin con soñar infundes apetecido y onírico empeño.

SOMBRA: Una oscura pradera tampoco me convida.

POLIEDRO: Patria puede ser humanidad, la bolsa colgante podría ser; qué puede ser lo que sin haber sido y no siendo ya es.

SOMBRA: Let it be.

EXTENSO FUNERAL POR LAS CALLES DE LA CIUDAD, Y UN CORO VOCAL MAGISTRALMENTE EMPEÑADO EN MOSTRAR LO CONTRARIO

> *Seamos lo muerto alguna vez*
> F.J

I

Se cree que pronto lloverá que de nuevo
    caerán sobre los rostros las preguntas los
    soldados van y vienen por la acera
    de mi casa y yo no salgo porque he visto tantas
    cosas desde mi Underwood donde están
    acomodados los arrecifes del viento
    y la cara pálida del obstáculo.

II

Sobre la silla de felpas está el Coronel,
    junto al perro no hay más que
    una aproximación y otro pasillo donde está la
    mujer del Coronel.
Dentro del ataúd estoy yo, pero prefiero
    que esté aquel que aparece cómodamente
    sentado.

III

Dígitos sobre el óvalo caras contra el cristal
        un ramo de flores portarretratos un áspid
        y mi nariz tan fría debajo de todas las miradas.

IV

Carros fúnebres hermosos carros
        grises transitan en mi ciudad paseando de tu
        mano voy también como un gran desfile la mujer
        se levanta.
Es la puta de la ciudad o la ciudad
        lleva de ella el pelo olor seminal su boca
        rojiza párpados azules yo desde mi Underwood
        le escribo que hoy darán nuevas noticias en la
        prensa.
Igual que la inundación venirse abajo en este
        día de desfile coro a coro comenzar
        yo río es rico reír el muerto ríe todos ríen
        estamos locos aquí putrefacto y convidado
        se levanta saluda le toca las nalgas a la mujer del
        Coronel que fue mía pero desde mi ataúd estoy
        más civilizado.
Prefiero cantar sentado en la tumba
        la canción inmortal que me separa
        carros multicolores en la nueva avenida

    ¿quién es el último para el cementerio?
    ¿quién se atreve a decir soy yo mi esperanza, mi
    paz quién puede comprenderla?
Desde la ventana el Coronel sabe que su
        mujer será infiel conmigo que aún respiro
        contra esta gana de dar y darme
        tomar de mí lo bien dolido
        cada céntimo y trozo del alma.

EL ASCO DE LOS AÑOS

A la memoria de Francisco (Paco) Mirr

Una extraña sensación va segregando mi vacío...

I

Dentro de mi cabeza no hay masa encefálica
    ni líquenes mi memoria es semejante a los
    hundimientos a la basura disipada que cada día
    recojo en este día huérfano que succiono a mis
    anchas.
Día glorioso de sentarse bajo los
    paralíticos árboles y decirle a Dios hasta cuándo
    bajo los árboles que profesan sus manos.
Decirle creo sin convencerme de que
    existas tu presencia va siendo hueco de la
    sombra muerto en ti me estoy pudriendo.
El asco de los años y el adiós eso es la vida
    todo transcurre de algún modo.
Hoy que tengo quizás más
    experiencia comprendo mejor las
    circunstancias sé que vale la pena vivir que el
    sufrimiento es digno procedimiento.
Que Dios aunque lo nieguen seguirá siendo
    el mismo y todo ha de ser igual.

Qué dependencia la mía temor y pendejada
¿qué he salvado de mi sino esta confusión que
me ciega a no comprender y ver desde mi punto
de vista ortodoxola peste y obstinación de la
memoria?.

II

Anoche pensé tomar entre mis manos la
        soga que me regalaste
        ponerla en mi cuello suavemente.
Fue sólo una ocurrencia no vayas a
        Asustarte la mente es volátil en ella aflora todo
        pensamiento como esas flores de Nylon que
        colgamos tras tu puerta
        donde hubiéramos estado tú y yo sobre una
        cama llena de peces y clavos.
Podríamos haber estado para mí eso ahora
        es importante y no te extraño
        no tendría derecho es posible que te suceda lo
        mismo amor me estoy muriendo ¿sabes? hoy
        hace una semana pensé escribirte unas palabras:
        Al diablo tu nombre.
Días que corren escribió un amigo
        el tiempo puede pasar si piensas que transcurre
        la vida puede detenerse

>prefiero imaginar que es posible
>todo es posible ahora que sangro y veo como los años pasan confiando en quién buscando a dónde.

Hoy quiero sin rencor contar mi
>vida después de 30 años al menos queda algo que contar:

Tuve una mujer que me amaba tal vez
>nos comprendíamos
>pero qué es el amor si no esa fruta amarga que fue dulce.

La amaba y pensé que ella también me quería
>romanticismo barato no soy romántico
>soy un loco desquiciado
>un tipo de axioma una cuenta pendiente.

Soy lo que fácil caduca volcado boca arriba
>hacerte reír mi puta magnífica
>así de tonto los dos por las calles
>haciendo el amor en los parques escribiendo poemas mi pelo largo y enjuto ropaje de los mejores años como aquella tarde del 30 de noviembre de 1989
>cuando tú no estuviste conmigo para decirme cuidado no transites por esa pared que el muro se cae te puede aplastar encima.

Tu no fuiste realmente mi amigo en tu

      condición de velador yo estaba parado frente a ti
      los dos reían perfecto bufón vendaron mis ojos
      gritando:
      Fumemos la tierra comenzará a girar la
      música dice que ellos vienen a buscarme.
Tu no fuiste mi amigo a mí me golpearon cojones
      me dieron duro en la espalda mi voz no era la
      misma.
Me daban duro muy duro como no imaginas
      esas cosas duelen mucho más cuando se es joven
      y te caen a palos por decir que no eres otro: Infiel
      desertor de la memoria se puede estar muerto
      respirando.
Me daban duro en el pulmón de aquella época
      pero ahora nada tengo que decir salvo el silencio
      la pólvora del corazón explotar
      el paralítico corazón de fango cocido como esas
      vasijas de la Isla
      donde leí *Las hojas clínicas* de la muerte
      en cuyos escritos respiro y pienso que soy feliz
      locura de pensar voces que gritan dentro.
Porque quiero conversar contigo muerto de
      mi alma en aquella mesa que ves donde
      estaremos tú y yo si así lo quieres.
Pero ahora dinamítame el corazón y
      hazlo rebotar:

  ¿Me oyes Cristo del Corcovado y los altares
  puedes oír mi sangre bullir tú que salvas y hoy
  me jodes un bello día de playa?
La maquinaria triturando mi alma
  prefiero el mísero grito de lo que nunca duele.
Hay otro dolor otra herida en la sangre
  donde han clavado la punta de la espada mi
  crucifixión ahora que son las doce del mediodía
  muchos han venido a verme.
También ustedes escupiendo mi
  Gangrena el corazón borboteante que dentro del
  puño se alza como esos ojos que me hacían
  temblar de frío sobre un banco vomitando tu
  nombre y un poco de cerveza caliente.
Escribiendo palabras sobre los charcos
  luces que se apagan el verdadero significado de
  las trampas hasta que vengan esos pájaros
  enfermizos
  a picotear la pudrición de mi carne que nada
  vale.
Porque mis ojos no serán testigos.
Y de mi cuerpo jamás tendrán memoria.

ÍNDICE

PRÓLOGO 9

PALABRAS DEL SILENCIO 21

Elogios Contra Mí 23
Indicaciones Necesarias Para El Próximo Viajero 25
Manhattan. Diciembre De 1980 28
If You Do Not Come Too Close* 31
Última Alucinación De Johnny Carter 32
Variación En Torno A La Última Cena 35
El Pesebre 39
Otra Versión De La Ciudad 43
Cena Oscura Oscura Cena 47
Noticias De La Atlántida 49
La Oscura Permanencia 53
Muerte Del Impala 56
Recinto Del Pájaro Y El Círculo De Los Coros 59

EVAPORACIONES MÚLTIPLES 63

Danza Donde El Acróbata Cruza Dormido La Cuerda 65
Las Aguas En El Fuego 68
Conversación Con Mi Padre 73

Noche De Ronda Leyendo Al Moro 74
Palabras Escritas Por Dentro 75
Pulsaciones 79
La Madriguera Y El Espejo Del Gamo 82
El Ahogado De La Ventana 84
Cámara Hiperbárica 86
Cerbero, Minos Y Caronte Conversan Con Ericto 87
Pronóstico De Guerra Para Hombres Solos 99
Hacer La Casa 101
Los Pies Sobre La Tierra 103
Muro De Puentes Y Trenos 111
Testamento 113
Dialogo Frente Al Espejo A Espaldas De La Primera Mentira Que Nadie Dijo 115
Extenso Funeral Por Las Calles De La Ciudad, Y Un Coro Vocal Magistralmente Empeñado En Mostrar Lo Contrario 119
El Asco De Los Años 122

www.ingramcontent.com/pod-product-compliance
Lightning Source LLC
Chambersburg PA
CBHW071953110426
42744CB00030B/1230